健美操教学
应用训练及推广模式研究

李雅茹 著

吉林大学出版社
长春

图书在版编目（CIP）数据

健美操教学应用训练及推广模式研究 / 李雅茹著 . --
长春 : 吉林大学出版社 , 2020.7
ISBN 978-7-5692-6748-8

Ⅰ . ①健… Ⅱ . ①李… Ⅲ . ①健美操－教学研究
Ⅳ . ① G831.32

中国版本图书馆 CIP 数据核字 (2020) 第 128117 号

书　　名：健美操教学应用训练及推广模式研究
JIANMEICAO JIAOXUE YINGYONG XUNLIAN JI TUIGUANG MOSHI YANJIU

作　　者：李雅茹　著
策划编辑：赵莹
责任编辑：赵莹
责任校对：王蕾
装帧设计：白伟
出版发行：吉林大学出版社
社　　址：长春市人民大街 4059 号
邮政编码：130021
发行电话：0431-89580028/29/21
网　　址：http://www.jlup.com.cn
电子邮箱：jdcbs@jlu.edu.cn
印　　刷：北京瑞达方舟印务有限公司
开　　本：787mm × 1092mm　1/16
印　　张：14.75
字　　数：200 千字
版　　次：2020 年 7 月　第 1 版
印　　次：2020 年 7 月　第 1 次
书　　号：ISBN 978-7-5692-6748-8
定　　价：60.00 元

前　言

近年来，健美操运动在我国异军突起，迅速发展成为一项深受广大群众喜爱的新型的运动项目。虽然健美操运动起源于欧美，在欧美地区发展并趋于完善，但是当它传入我国的时候，迅速以其艺术性、健美性、大众性吸引了国人的目光，并广泛分布于中国的校园、竞技场、广场中。

健美操是在音乐伴奏的基础上，以人体自身为对象，以健美为目标，以有氧运动为基础，以艺术创造为手段，将体操、舞蹈、音乐融为一体的身体练习，从而达到增进健康，塑造形体和满足娱乐需求的一项体育运动。虽然健美操在我国的发展历史只有短短的二十多年，但是发展速度很快，不仅全国各地的中小学、高校设立健美操课程，而且还开设了各种各样的兴趣培训班，参与健美操运动的人也越来越多。在发展势头如此强劲的背景下，健美操教学体系和推广模式建设也被提上了日程。

为了完善我国健美操的教学体系，可以从教学方法、教学过程、教学能力、音乐的编排、素质训练等方面入手，并针对不同年龄阶段，制订相应的教学与训练计划，全方面、全方位适应群众的发展需求。教学的主体——教师，在健美操发展过程中起到举足轻重的作用，同时，健美操也在不断发展完善的过程中，对教师的教学能力提出了更高水准的要求。健美操教师教学能力的高低将直接影响学员的水平和身心健康，甚至会影响健美操从业人员的培养质量，阻碍我国健美操项目的发展。因此不断促进提高健美操教师的教学能力，无论对学员自身，还是对学校发展改革来说，都显得尤其重要。另外，体育文化局和学校等具有公益性质的组织还应发挥他们的行政能力，科学、有序地推广健美操，带动健美操运动朝着更科学、更规范、更广泛的方向发展。

目　录

第一章　我国健美操教学发展的演变及概念

第一节　健美操的起源与发展概况

一、健美操的起源与发展

健美操是我国的一种体育运动项目，有关健美操的起源可以追溯到古希腊人。古希腊人比较重视追求形态美，他们往往通过简单的跑跳、投掷锻炼达到健美的目的。现在健美操比较常用到的各种基本姿势与古印度的瑜伽术姿势极为相似。

通过搜索各类电子数据和查看文献发现，健美操来自英文 Aerobics，其意思为"有氧运动"或"有氧健美操"。在十九世纪末二十世纪初的时候，欧洲出现了很多体操流派，这些流派无论在理论方面还是实践方面都对健美操的发展起到了推波助澜的作用。提到对健美操运动具有建设性作用的人物，就不得不提到库伯博士和简·方达，这两位是现代健美操的杰出人物。其中美国医生库伯博士于二十世纪六十年代初设计体能训练阿洛别克项目，是专门为太空人设计的，他指出有氧运动对人的心肺功能起到重要的作用。世界健身趋势的改变是由于库伯博士发表的《有氧运动》一书，从此有氧运动的健身方式迅速在全球传播。另外一位人物是好莱坞影星简·方达，她是真正把有氧运动推向世界的人，她对推动健美操运动的发展发挥了重要作用。她根据自己的健身体会和经验，撰写了《简·方达健美术》一书。该书自 1981 年出版后，引起了世界的轰动。由此证明，美国对世界健美操的发展发挥了重要的影响力，起到了重要的推动作用。美国在 1985 年以后开始举办健美操锦标赛，确定了竞赛项目和规则，使得健美操发展成为竞技性运动项目。

健美操不仅在美、英、法等国家迅速发展，而且在一些发展中的国家和地区也得到不同程度的发展。苏联早已把健美操列入大、中、小学的体育教学大纲。在亚洲地区，日本、菲律宾、新加坡等国家也建有许多健美操活动中心及健身俱乐部，佐藤正子是日本界健身健美操的代表人物，日本健身健美操的开展也引起了周边各个国家的广泛关注。人们都开始将健美操作为自己的主要健身方式，由此形成了世界范围内的"健美操热"。

二、我国健美操的发展

据史书记载，阴康氏发明了"消肿舞"，所谓"舞"就是身体的操练。长沙马王堆出土了一张西汉时代的帛画《导引图》，上面画着 44 个栩栩如生的人体姿势图，与现代徒手健美操中的许多动作十分相像，从而可以看出，我国汉代人已经开始重视人体的健美操锻炼了。华佗所编的"五禽戏"中，有模仿虎、熊、鹿、鸟、猿的动作姿势，生动有趣，姿势优美，促进人体的健美。

20 世纪 80 年代，我国进入改革开放的浪潮，人们开始快速接受新兴事物，健美操运动也就是在这个时期传入中国，受到各高等院校的喜爱，并且国内对健美操的研究和探讨也逐渐增多，关于健美操的动作等研究也衍生出了哑铃健美操、形体健美操等类型。也正是在这些研究的过程中，体育工作者也慢慢开始正式关注这一运动形式。20 世纪 80 年代中期，我国开始在高校中建立专门研究健美操的机构，比如在 1984 年，当时的北京体育学院就成立了健美操研究组，同时，还研究出了适合青少年习练的"青年韵律操"，短时间内，在当时来看比较新兴的这一运动形式被广泛接受，也掀起了一股热潮，并在高校中被制订成一项重要的体育教学内容，各种健美操的教材也陆续出版，关于对它的研究也开始兴盛。

在我国，在进行健美操理论研究的同时，关于健美操的比赛等也逐渐开始，我国从1993年开始，每年在大学生中推广开了一套健身健美操，这是侧重于健身方面。与此同时，健美操的表演性和竞技性也在学校中被加以重视，这就对健美操的师资和场馆条件提出了要求，因为健美操热的兴起，每年各高校组织的各种健美操比赛也逐渐成为一项比赛项目。如今，高等院校已经成为我国竞技健美操发展的重要基地。在我国的民间，健美操也成为一种健身风尚，1987年，"利生健康城"作为我国第一家健美操健身中心向社会开放，这也标志着我国首次将健美操这一新兴体育运动形式介绍给广大民众。广大民众被这一比较新奇的锻炼方式和拥有良好健身效果的体育运动形式所吸引，受此影响，健身中心在改革的一线城市，如广州、上海、北京等地相断开业，人们的思想也开始改变，变得追求健康、追求美，而且随着生活水平的不断提高，人们的生活条件开始逐渐好转，用于健康的投资也开始深入人心。1992年，中国健美操协会于1992年正式成立，我国的健美操运动正式进入有组织、有计划的时期。中国大学生体协健美操艺术体操分会为促进大学生健身健美操的推广，自1993年起，推广了多套健身健美操。1987年，首届"长城杯"健美操邀请赛在北京举办，吸引了全国各地人的参与，随后先后举办针对儿童、青年、中老年的健美操比赛。这些比赛以健身健美操为主要内容。20世纪90年代初，我国每年都举行全国性健美操比赛，全国锦标赛、冠军赛和各个行业系统的比赛都包括在内，健美操比赛的内容更加丰富。到现在，全民健身的热浪也促使千千万万的人热衷于健身，尤其对健美操这一适合大众健身的项目在民间兴盛起来。通过健身和锻炼，人们不仅可以增强体质，而且还能愉悦身心，至此，相关媒介和公共场的无偿的教授活动也推动了健美操热的兴盛和发展，促使健美操成为一项民众离不开、容易接受的运动形式。

健美操运动的快速发展，也带动了作为群众健身的重要组成部分的健身操的飞速发展，让健美操成功深入到人们的日常生活中，成为人们除了衣食住行之外必不可少的身体食粮。健美操由于其所具有的独特魅力和价值受到人们的喜爱，健身健美操的内容日益多样化。健身操在不断向前发展的进程中，不断与其相接缘较近的体育和艺术形式中吸收灵感，为健身操带来更广泛的新思路。健身健美操进而衍生出根据各种风格的音乐和舞蹈编排出的健身操，也有人称之为健身舞。近年来，社区体育的发展迅速，露天的广场成为人们健身的主要活动场所。随着时代的进步，中老年人对健身操的认识不断加深，思想观念上也逐渐接受一些新生事物。现在参加健身操活动已经不仅仅是年轻人的权利，越来越多的中老年人也投入到健身操的锻炼中。

第二节　健美操的概述

一、健美操的概念

健美操是在音乐伴奏的基础上，以人体自身为对象、以健美为目标、以有氧运动为基础、以艺术创造为手段，将体操、舞蹈、音乐融为一体的身体练习。从而达到增进健康，塑造形体和娱乐目的的一项体育运动。

由于国内外对健美操的理解和认识存在差异，因此对健美操概念的理解也不尽相同。瑞典学者认为健美操是基于体操的根本理念并糅合音乐节奏，是极具创造性的一种运动类型，并主张健美操的动作应当遵循人体法则，融会贯通为一种的运动方式；日本学者认为健美操是将爵士技巧中具有独立性及多中心性的部分应用于身体运动上，并依据体操原理，融合在运动之中，属于体操运动体系化的一环；国际体操联合会则认为，健美操是在音乐伴奏下，通过完美地完成有难度的动作，从而展示运动员连续表演复杂且高强度动作的能力，且成套的健美操动作必须通过动作、音乐和表现的完美融合才得以体现其创造性。

由此可见，国外学者对健美操的概念主要针对人体外在的形体表现或者某一方面的突出表现并融合于音乐节奏的一项运动，属于体操之体系化的一环。而在我国，健美操是以人体自身作为对象，以健美作为目标，以身体练习为内容，以艺术创造为手段，融合了体操、舞蹈、音乐、美感于一体，并通过徒手、手持器械和专门器械的操化练习，从而达到健身、健美和健心目的的一种观赏性娱乐体育项目，主要是针对健美操的特有属性来进行的概括总结。目前，健美操已经被列入我国学校体育教学大纲，它以其自身固有的价值和魅力，深受广大青年学生及群众的喜爱，已成为学校体育教学的主要课程之一。

二、健美操的特点

（一）健美、健身双向发展

健美与健身是两种不同的健身形式，从本质上来看二者之间没有明显的差异，唯一不同的是健美是一种竞技运动，而健身则是一种生活方式。健美的关键点在于"美"字，健身并不会过度苛求形态、力量、速度，而是关注健身的实效性，但健美不仅要保证时效，还要制订特别训练，从而在视觉上达到"美"的标准。

健美操以健身作为基础，在编排上又融合了人体解剖学、运动生理学、体育美学等多学科理论。在动作上不仅要体现出"健"和"力"的特点，而且更强调"美"。将人体语言艺术和体育美学完美地融合在一起，不仅能让身体各部位关节、韧带、肌肉得到充分锻炼，还能增强体质，培养健美的体型和风度，使健美操成为具有实效性及观赏性的体育运动项目，促进健美与健身的双向发展。

（二）高度的艺术性

健美操是融合了体操、舞蹈、音乐于一体的运动项目，也是展现美感的人体运动。健美操动作协调、流畅、有弹性，不仅能够让联系者锻炼身体、增强体质，还能从中获得"美"的享受，提高自身的艺术修养能力。而在健美操比赛中，运动员所展现出的健美体魄、高超技术，以及流畅的编排，都充分体现出健美操运动的"健、力、美"的特征和高度的艺术性。

（三）鲜明的节奏感与韵律感

健美操是一种必须在音乐伴奏下进行的身体练习，可以说音乐就是健美操运动的灵魂所在，与艺术体操相比，健美操更加强调动作的力度，因此在音乐伴奏的选择上会选取节奏感及韵律感更加鲜明强劲，风格也更趋于欢快明朗的迪斯科、爵士、摇滚等现代音乐或民族乐曲。这是因为旋律轻快活泼、情绪激奋的音乐更能提高练习者的精神，使其产生一种愉悦感。

（四）动作具有多变性及协调性

健美操的成套动作不仅在节奏和力度上具有多变性，并且每一节操都编排了多关节的同步运动，这也体现了健美操动作具有复合性这一特点。例如在完成大幅度的上肢动作时，常伴有腰、膝、髋、踝和头部等的动作，这种动作的复合性不仅能增加身体各关节的活动次数，还能有效改善和提高身体的协调性。随着健美操运动的发展，不断编排出独特新颖且具有显著特征的健美操动作，是健美操运动长盛不衰的显著特点之一。

（五）广泛的群众性

健美操是一项富有趣味性的运动，且不会受到场地、器材等因素的约束，符合当代人追求健美、自娱自乐的需要。再加上健美操的形式多样，动作编排的难度也可以根据不同人群的年龄、性别、形体、素质、个性等进行调节，不管是何种人群都能够在健美操的练习中找到适合自己的运动方式，达到强身健体的目的，因此深受各年龄层人群的喜爱。

三、健美操的功能

（一）增强体能

一套完整的健美操不仅在方向上有变化，而且躯干、四肢、头部，甚至面部表情都在不断地变化着。健美操是根据人体结构和生理特点而进行编排的。运动时，人体全身各个关节和部位都将被调动起来，共同协作参与完成健美操动作，对人体各组织器官和人的身心发展都能起到增强与改善的作用。健美操不仅能发展人体的心肺功能，而且还能提高身体的灵敏性，预防各种疾病，具有健身和健心的功能。可以说，健美操是当前全面发展身体素质较为理想的运动。

（二）缓解人的精神压力

健美操锻炼的主要价值在于通过锻炼达到保持健康和增强体质的目的，

对练习者的身体健康状况要求较低。健美操的动作编排和设计简单、活泼、流畅，节奏感较强，运动强度适中，而且动作简单易学，音乐风格迥异，能够激发人们锻炼的兴趣。不论是儿童、青少年，还是中老年人都可以参加，并能从中获得全身心的愉悦，忘却烦恼和压抑。因此，健美操运动是一项老少皆宜且普及性较强的群众活动。

（三）塑造优雅形体

健美操的练习形式种类多样，活动量适中容易控制，对场地设施的要求也不高，不同性别、不同年龄层次、不同体质的人都可随时随地地进行练习，例如：中老年进行健美操锻炼时可根据自己的闲暇时间自由支配锻炼时间的长短。通过长期的健美操练习不仅能够改善不良的身体姿态，养成优美的身体姿态，还可以消除人体内和体表多余的脂肪，从而降低体重。

（四）增强社会交往能力

健美操以人体为对象，集体操、音乐、舞蹈于一体具有较高的观赏性，参与者在练习时感到精力充沛、心情舒畅。人们在进行健美操练习时，摆脱了长期不变的工作和家庭环境的束缚，通过一起锻炼促进相互间的认识和了解。健美操比赛和表演具有较高的观赏价值，表演者的不同的服装和造型、不同的操化风格、不同的音乐背景都能吸引人们驻足观赏。对参与者来说，健美操不仅能强身健体、愉悦身心和交流情感，还有利于参与者丰富他们的业余文体生活。大家一块锻炼，互相鼓励，分享运动中的乐趣，使人在锻炼中得到精神享受，是一种娱乐性较强的锻炼方式。

（五）丰富文娱生活

健美操的创新是渐进的，不是一蹴而就的。健美操最初是集合了大量带有体操和舞蹈特色的身体动作，并以当时比较流行的诸如迪斯科、摇滚等音乐伴奏作为背景而形成的。随着时间的推移和流行因素的不断变换，人们对健身需求也有了改变，健美操在长期的发展过程中也在不断地汲取与其相关的体育和艺术形式的灵感，从而不断地增加新内容，形成各种风格迥异更具时尚感的健美操，进而吸引更多的人投入到健美操的锻炼中，如拉丁健美操、爵士健美操、瑜伽健美操等的出现，吸引着不同阶层的人开始投身其中。

　　另外，人们在进行锻炼时要求有较强的针对性，内容丰富而有利于塑造形体和健康心理的健美操，不再满足于一成不变的枯燥套路。健美操的创编也已经从简单的自编发展到根据人们的不同需求，进行科学的健美操动作的设计。健美操的内容也与其相接缘的体育和艺术形式相结合衍生出丰富多彩的内容，渐渐性地走上了科学化的道路。健美操将随着人们的需求，时代的发展而不断向前发展。

第三节　健美操的分类与基本动作

一、健美操的分类

目前，世界健美操和我国健美操对健美操都有很多的分类方法，根据今天的中国健美操的发展现状和未来发展趋势，按照目的和要解决的主要任务，分为健身健美操、竞技健美操和表演健美操三大类。

（一）健身健美操

健身健美操，也称大众健美操或有氧操，目的在于健身，在欢快的音乐和舞蹈中调节身心、陶冶情操、锻炼身体、增强体质。有氧练习是以人体有氧系统供能的，任何运用大肌肉群的、持续的和有节奏的练习。它的动作简单流畅，节奏感强，适合各种人群和不同年龄的人练习。还可按年龄结构、按练习目的和任务、按人体解剖结构、按性别、按动作特色和人名进一步进行分类。健身健美操的锻炼时间一般在一个小时左右，但在实践中根据个人而有所不同。运动要严格按照健康和安全的原则，防止运动损伤的发生，在确保安全的基础上，达到锻炼身体的目的。

按年龄结构分为中老年健美操、青年健美操、青少年健美操、儿童健美操、幼儿健美操等。这一类型的健美操是按照练习健美操人群的年龄划分，根据年龄的不同其生理、心理状况都有所不同，体能状况会出现一定的差异性，因此在制订健美操训练计划的时候，创编者会有针对性地调整计划，以求适应练习者的身心发展特点，让他们的不仅能够达到强身健体的目的，更重要的是不会因为过量的运动而发生突发意外。

按照练习的形式分为徒手健美操、轻器械健美操和特殊场地健美操。其中徒手健美操又分为传统有氧健身操、形体健美操、搏击健美操、拉丁健美操、瑜伽健美操、迪斯科健美操、街舞；轻器械健美操又分为踏板操、哑铃操、花球操、皮筋操、健身球操；特殊场地健美操又分为水中健美操、功率自行车操、联合器械操、垫上健美操。

按照人体结构活动部位分为头颈健美操、肩部健美操、臀部健美操、胸部健美操、腹部健美操、髋部健美操、腿部健美操等，这类健美操训练是针对身体的某一部位进行锻炼，能够强化身体的特定部位，是专门为锻炼人体某个位置而创编的。目的是让身体某一部位有不适症状或者是想要强化某一部位肌肉力量的人能够因为局部健美操运动，而实现自己的想法。

按照练习目的的不同分为热身健美操、姿态健美操、形体健美操、减肥健美操、节奏健美操、活力健美操、跑跳健美操等。这一类健美操存在的目的是为了满足人们某一种锻炼目的，通过此种锻炼可以让人们达到瘦身减脂、塑造形体、矫正不良姿态等目的，让身体体能和心肺功能得到提高。

（二）竞技健美操

竞技健美操是在健身健美操的基础上发展起来的，以竞赛夺冠，争取优胜为直接目的的高水平比赛健美操。由于竞赛的主要目的就是要取胜，因此在动作设计上更加多样化，并严格避免重复动作和对称动作。竞技健美操受竞赛规则限制，它必须遵循特定的规则要求编排训练内容和比赛动作。裁判员根据运动员的基本动作和完成难度动作的情况，以及通过现场表演和成套动作的完成时间来评分，近年来，运动员为了取得好成绩，在成套动作的基本动作上增添了不少难度动作，这对运动员的体能和技能水平和表达都更加严格和苛刻。

竞技健美操分为男子单人、女子单人、混合单人、3人（混合或同性别）、6人（混合或同性别）。

（三）表演健美操

表演健美操的主要练习目的是表演，它是事先编排好的，专为表演而设计的成套健美操。时间一般为 2 至 3 分钟。表演健美操的动作较健身健美操的动作更为复杂，音乐速度可快可慢，为了保证一定的表演效果，动作较少重复，也不一定对称。表演健美操由于其观赏性和艺术性都很强，体现了体育的健、力、美，它是人民群众喜爱的一种运动和娱乐形式，对弘扬民族文化起到了很好的促进作用。

表演性体操主要注重于表演效果，而这种表演效果是通过各种表演形式相互融合表现出来的，它更多的是体现艺术的随性，而不受规则的制约。英国形式主义美学代表贝尔有一个"有意味的形式 (significantform)"的命题，对认识表演性体操本质特征提供了切入点，为表演性体操提供理论性基础。贝尔指出：一个有意义的形式，是以一种独特的方式排列组合我们的感知。他认为那些独特的排列与组合方式是人们所欣赏的，从中我们能知晓其表演目的与性质。表演性体操的目的与性质，决定了其属性在于表演，而非比赛。它的非竞技性并非否定其动作的竞技特性，只是在注重其表演性质的基础上，弱化其竞技、锦标性，表演性体操的编排初衷便决定了表演的非竞技性，主要反映了其"健康，力量，美丽"的特点，同时其动作流畅，协调，既锻炼了身体，而且从中获得美好的心情。但他们不是为了比赛而表演，而是为了艺术而表演。表演性体操的主要属性为体操项目的技术动作，融合舞蹈、剧情、舞美等艺术形式的表达。其不需苛求难度、规则限制，核心在于表演，将动作中体验的美感表现出来，从而营造出一种艺术美，提高自身及观众的审美意识和艺术修养。无论是采用最简单的集体做操，或是技巧翻腾、组图以及造型等，表演性体操均能表现出各种主题生动，不拘泥于精致的舞台剧的情节，还引用其他的表演艺术如戏剧、唱歌、舞蹈中的艺术形式，所以这种形式的展示效果，才是表演性体操表演追求的目标。

二、健美操的基本动作

健美操的基本动作是构成健美操运动的基础，是最小单元的元素。千姿百态的健美操组合动作都是在基础动作的基础上组合创编而来的。健美操的创编者根据不同的需求、不同的风格、不同的特色等将健美操的基本动作进行组合再创造，最终呈现在我们面前的是一套别具一格的健美操。想要深入学习了解健美操，就要学习健美操的基本动作，了解组合动作变化的规律和趋势，这样一来，学习健美操的过程也就更加容易了。

健美操的基本动作主要是由上肢动作和下肢动作构成。

（一）健美操的基本动作分类

1. 上肢动作

在健美操的基本动作中，其中一项就是上肢动作，加入上肢动作的健美操运动因为上臂和手形的变换使得动作变得丰富多彩。另外，在上肢动作的练习中除了加入自然摆动之外，还会加入一些优雅的舞蹈动作以及一些力量动作，让健美操的上肢动作变得既美观又有力，增强了健美操锻炼的成效。

（1）手形动作

健美操运动中的常用手形主要有三种，分别是掌形、拳形和其他手形。

（2）上肢动作

上肢动作主要有九种主要类型，分别是举、屈臂、伸臂、屈臂摆动、上提、下拉、胸前推、冲拳、肩上推。其中前四项根据字面意思就能明白其行动轨迹，上提指的是直臂或屈臂由下至上提抬起；下拉指的是手臂由上举或侧上举拉至身体两侧；胸前推指的是立掌将手臂由肩部朝外推；冲拳指的是屈臂握拳借助腰间发力，向前冲拳；肩上推指的是立掌屈臂由肩部向上推。

2. 下肢动作

健美操的基本步法是体现健美操练习者下肢动作基本姿态的主要练习手段，根据动作完成的形式不同，可将基本步法分为五类：交替类、迈步类、点地类、抬腿类和双腿类。

（1）两脚交替类：两脚始终做依次交替落地的动作，主要有踏步、走步、一字步、V字步、漫步、跑步。

（2）迈步类：一条腿先迈出一步，将重心移到这条腿上，然后另一条腿脚跟点地或者脚尖点地，做屈腿、踢腿、吸腿的动作。主要有并步、迈步点地、迈步吸腿、迈步后屈腿、侧交叉步。

（3）点地类：一腿屈膝站立，另一条腿伸出，脚尖点地后还原到并腿位置。主要有脚尖点地、脚跟点地。

（4）抬腿类：一条腿站立，另一条腿抬起的动作。主要分为吸腿、摆腿、踢腿、弹踢腿、后屈腿。

（5）双腿类：双腿站立，身体重心在两腿之间的动作。主要分为并腿跳、分腿跳、开合跳。

（二）健美操的基本动作训练方法

随着人们生活质量的提高，人们将看重衣食住行的目光转移到了体质锻炼上，于是健美操运动成了一种重要途径，线下教学课程日益火爆，无论是儿童、青年，还是中老年都纷纷投入到健美操的学习中。但是随着网络技术的不断发展，以教材为依据，构建基本动作技能板块数字化、网络化的时代，使得人们的学习方式发生了很大的改变。网络学习成了一种流行趋势，学习健美操不仅仅局限于线下活动，线上活动也成了主流练习的一种方式。从根本原因上来看，网络学习之所以能成为主流是因为其不受场地、时间、人数等的限制，人们有需求就可以锻炼，最终网络视频代替了以前的光盘教学和教材学习。因此，有很多的学习者选取了直观、便捷的网络学习。但是这种学习形式有一种弊端，学习者没有按照教材上的理论框架进行系统的学习，在书本中所涉及的基本知识、基础训练、套路实践、创编指导等，学习者不了解，甚至根本不知道。在前期，学习者就没有打好一个坚实的理论基础。在基础训练里就包括了姿态、手形、手臂动作、基本步伐的训练内容和具体的方法，这些网上视频资料鲜有涉及，或者说涉及较少或是不系统。这也就是为什么有的人学了很多成套动作，但是他们的动作表现出来就是差点味道，不规范，不具备美的属性。

由此可见，根据健美操的相关教材进行系统的理论学习，对学习者的健美操训练成效至关重要。接下来，笔者将对基本动作训练的方法做一个简要介绍，主要分为姿态训练、手形训练、手臂动作训练、基本步伐训练四部分。

1. 姿态训练

健美操是一种融合了舞蹈动作的体育运动项目，长期从事健美操训练的人姿态优雅、身板挺直，十分锻炼练习者的气质和形象。因此，姿态训练应贯穿健美操整个的教学过程中。在实际的教学中，姿态的训练可以通过手位、脚位、擦地等动作来进行练习，让学生体会抬头、挺胸、收腹、立腰、沉肩、绷脚背等的基本姿态动作，并内化在自己的身体动作表现上。健美操练习者就可以自然而然地形成一种姿态惯性，养成挺胸抬头收腹等姿态习惯。

2. 手形训练

健美操的手形包括拳、掌和其他手形。如果缺乏这方面的专门训练，在成套动作中握拳的时候可能会看到练习者伸出来的大拇指，或是并掌时虎口大开、大拇指用力张开等，这些都不是正规的健美操手形，缺乏专业基础的表现。在具体的教学中，可在每次准备活动完成之后便进行手形的练习。练习方法是老师先示范动作，然后用口令指挥学生练习。口令可简化为拳—并（掌）—开（掌）—花（掌）—剑（指）—响（指）。刚开始时按讲解示范的顺序进行，而后老师可加快口令或是打乱口令顺序，学生在原地或是跑动中完成相关动作。

3. 手臂动作训练

对初学健美操者来说，手形练习完后可进行手臂动作的练习。很多练习者在做侧上举、侧下举、上举的动作时不能一步到位，或是缺乏控制力。训练时可在站立的姿态下开始，按侧下—水平—侧上—上举的顺序指挥学习者练习或是通过音乐节奏指挥学习者练习。在练习的过程中还可以变换手形，可以用拳，也可以用掌，或是依次进行皆可。还可以根据学习者的掌握情况加上脚的动作变化来进行，比如原地踏步、行进中走等，从而减少练习过程中的枯燥乏味，还能增加手形的动作记忆。

4. 基本步伐训练

基本步伐是健美操动作中最基本的单位，是进行健美操练习的一个重要的组成部分，通过基本步伐的练习，能培养练习者的协调性和节奏感。健美操基本步伐按人体动作过程中对地面冲击力的大小分为无冲击步伐、低冲击步伐和高冲击步伐三大类。

无冲击步伐是指动作完成时两脚始终接触地面的动作，主要包括并腿类（膝弹动、踝弹动）和分腿类（半蹲、弓步、移动重心）。这一类动作比较简单，在第一次示范、练习后练习者基本能掌握大部分的动作，但是膝踝关节的弹动动作需要多做练习，才能找到感觉。不过这类动作经常会作为配音乐练习开始时的找点动作或是动作练习替换过程中的过渡动作。因此，这类动作即使不作专门的训练，假以时日也能掌握。

低冲击步伐是指练习时一脚着地，而另一脚离开地面的动作。常分为踏步、点地、迈步、抬腿四大类，每一类里有 3 至 5 种步伐。练习时可采用迭加法，一次课进行一个小类别的练习，比如第一次课练习的是踏步类，

第二次课就在复习踏步类后再学习点地类，第三次课再学习迈步类。

高冲击步伐是指做动作时两脚都离开地面的动作，即跳类动作。这类动作一般又分为单脚起跳类、双脚起跳类、迈步起跳类、跑步类四种，每一种里面也分为几个小的类别。这类步伐的学习可在低冲击步伐的学习完成后同样按迭加教学法进行训练。

总之，每次课可用 15 至 20 分钟的时间来练习基本动作，然后进行其他动作或是成套动作的学习。随着基本动作内容学习的增加，最初学习的基本动作练习次数和时间可根据学生的熟练程度进行减少，这样才能保证新学习内容的练习时间，但每次课都需安排复习和强化环节。

第二章 健美操教学的过程研究

第一节 健美操教学方法的分类

一、传统教学方法

（一）讲解法

讲解法是教师给学生传授知识时，通过简单明了、生动有趣的语言方式进行教学的方法。所谓讲解的方法，是健美操教师运用逻辑分析、有效论证，形象描绘、实事陈述，来进行启发诱导性的设疑和解疑，使学生在较短的时间内清晰地获得全面而系统的知识的方法，也是最基本的教学方法。

（二）示范法

示范法是教师把自身的动作直观地呈现给学生，以更加生动具体的方式指导学生的教学方法。运用示范法可以使学生感知动作的形象，明确动作的时间与空间的关系，建立理论知识与动作间的联系，形成正确的动作概念，从而使学生产生兴趣，集中注意力和心理指向，促进对动作技术技能的学习、理解和掌握。因此，示范法是体育教学中不可忽视的常用教学方法。

（三）提示法

提示法是教师通过语言或动作来提醒学生进行学习的一种教学方法。语言提示是指教师用简练的语言或口令来提示学生完成学习。非语言提示是指教师用身体语言、视线接触等方式与学生进行交流，提醒学生完成动作的一种方法。

（四）带领法

带领法是通过教师的领导，将单个动作、组合动作、成套动作共同完成的一种方法。它能够使学生在较短的时间内对掌握技术动作且连接顺畅。因此，在健美操教学中被普遍采用。

（五）完整与分解法

完整法是指在教学过程中，从动作开始到结束，不分段落，完整、连续地进行示范和练习的教学方法。完整法的优点是动作完整度高，学生比较容易掌握整体。但缺点是不是所有教师都能够用完整法进行教学，也不是所有学生都能有较高的理解和接受能力，因此完整法只适合个别能力强的学生，很难保证整体教学效果。分解法是将完整的技术分解成段落，一段一段去学习的方法。优点是降低技术动作的难度，有利于学生一点点掌握，缺点则是学生对分解的动作可以掌握，但很难做出完整的技术动作。

（六）重复法

重复法是指学生通过对正确技术动作进行反复练习的方法。这种教学方法可以使学生在反复练习中掌握和巩固动作，提升体能，同时也有利于指导和帮助学生提高动作技术。

二、创新教学方法

（一）合作教学模式

合作教学模式指的是在教学的过程当中，教师与学生之间、学生与学生之间为了达到教学目的，彼此进行积极合作协调的教学活动，以期达到预计的教学效果。合作教学模式是将小组作为基本的形式，充分利用教学过程当中的多种动态因素，加强学生的学习。同时合作教学模式，以个人的进步以及团体的成绩作为评价的标准，最终达到教学目标。合作教学模式。

通过分组以及多种评价形式来完成相关的教学活动，可以充分开展组建合作组内合作的教学方式，充分地活跃课堂气氛的同时，加强学生之间的交流，培养学生的社会交往的能力，还能够提升学生学习的主动性，有利于培养学生的综合能力。

在合作教学模式中，各个学生团体通过教师的辅导和小组之间的竞争合作形成稳定的结构，同时在相关的合作情景当中，充分利用教学当中的多种因素，促使学生学习成绩的提升，同时加强对学生心理以及情感方面的培养，促进学生的个人进步以及团体成绩的提升。

综上所述，合作教学模式是在教学过程当中的一种交往活动，需要同伴之间的合作以及配合才能达到最佳的教学效果，同时合作教学模式的组建合作，将总体成绩作为主要的评价标准，是由教师来进行发布以及控制的教学模式。

根据合作教学模式的特点，让学生之间通过互相协作的方式，掌握标准规范的健美操技术，健美操技术主要包括身体姿态动作的准确性，熟练性动作的幅度，动作与音乐的配合等。在应用合作教学法进行教学的过程中，健美操基本技术的教学阶段主要分为三个阶段。

第一阶段，教师讲授健美操的基本知识。在第一个阶段，学生在脑海中还没有形成对这门课的一个基础印象，对健美操的相关知识理论没有形成系统性的认识。因此，教师应该在第一阶段发挥主要作用，向学生传授健美操的基本概念、运动表现，同时教师需要进行完整的示范和讲解，从而提升教学效率。在教学的过程中，教师可以利用第一节课来带领学生进行热身练习，向学生讲解基本的内容，介绍整体的教学方案。当教师完成第一阶段该做的事情之后，就要在队伍中选拔一名领操员，领操员的选拔要根据教师的留心观察，看看哪一位学员有天赋，表现又好，对待事情认真负责。这位领操员是小团队中的队长，他需要熟练掌握健美操的基本动作和基本概念,并且监督指导组员的完成情况。另外,而小组内其他的记录人员、联络人员都分别要发挥自身的作用,保证第一阶段的教学任务可以完成。

第二阶段,健美操技术的巩固。第二阶段重点是对健美操技术进行讲解,要求学生建立动作定型,并且重复分解动作,让学生在大脑当中形成基本的概念。同时,在此阶段需要采取重复训练的方法,让学生掌握相关的技能,并且不断地进行练习,加强动作的熟练性,在课中领操员需要重点讲解技术动作,学生跟随练习。在此过程中,小组成员都必须要完成相关的任务,例如组长就负责要组织带头与组员之间进行合作,充分发挥每个角色的作用,由小组成员积极进行探讨,指出实际练习过程当中存在的问题。在这一阶段学习的过程中,直到课程结束之前都需要通过裁判员来进行评判,记录成员需要记录小组成员的错误,同时注意练习过程当中存在的问题。

第三阶段,自动化阶段。在此阶段每个学生都要掌握健美操的技术动作,在经过一个学期的练习之后,学生的健美操水平就会逐步展现,在此过程中学生的动作也会逐步标准,因此,在课堂练习的过程当中需要跟随音乐来展现健美操的动作,由领操员来带领小组成员进行展示,然后在课程结束之后,小组之间需要进行比赛来判定学业的完成情况,这时候还需要有一个记录员做好记录工作,裁判员则需要根据相关的规则进行评分和总结。

(二)微格教学模式

从哲学的角度来分析,认识事物的发展是由外因通过内因起作用的规律,在健美操教学中运用微格教学能激发学生的主观能动性,启发学生的创造性思维,微格教学的运用是健美操教学的一大特点。这种教学方法不仅符合人类认识事物的规律,而且还可应用于对教学的反馈和评价,学生在学习过程中通过录像设备对教学过程中的实际情况进行录制并及时反馈,让学生能够通过录像快速对自己的学习过程进行直接的观察、分析、评估并在短时间内改正，使学生能够更主动地自主学习，自我提高。

现代体育教学方法中强调教与学的辩证统一，既重视学生的学法，也重视教师的教法，微格教学在实验组中的运用便体现了这一理论基础。微格教学从表面上看只是简单的"小型化多媒体"教学，但将其运用到健美操教学中却能显现其现代化教学的实效性。从教师"教"的角度分析可见，由于我国健美操专项人员队伍紧缺，在中小学健美操的培养上，只有极少数是具备专业性的健美操教师向学生传授健美操知识，这就造成了我国健美操师资队伍质量参差不齐，示范动作时规范程度不一等问题。而微格教学则是教师将动作分解示范后再观看原教学录像来进一步提高动作的规范性，弥补了传统教学的不足之处，在教学中提高了"教"的质量。从学生"学"的角度分析可见，学生通过观看原教学录像及动作学习过程录像，录像中信息的快速反馈促使学生在短时内矫正动作，提高了学生"学"的质量。分析得出微格教学体现了教与学的辩证统一。结合实验运用微格教学理论总结出微格教学的流程如下。

第一步：进行理论学习和研究，在健美操课实施微格教学前，教师指导学生学习健美操的基本理论、教学基本步伐与手臂的种类与应用、健美操创编等内容；明确健美操课中的任务；并了解微格教学的实施过程；电教设备的使用方法等有关知识。

第二步：组织教学、摄像。

第三步：观看教学录像。

第四步：反馈和评价。

a.重放录像：通过重放教学实况录像，使学生及时地获得反馈信息。教师和学生共同观看，进一步观察各小组学生达到学习目标的程度。

b.自我分析：看过录像后，各组学生进行自我分析，是否掌握了所学习的教学技能，总结有待改进的地方。

第五步：矫正提高，学生通过观看录像，根据自我分析，实施反馈矫正，以利于动作技能的提高。

（三）健身房教学模式

作为新兴事物的健身房健美操教学模式，体现出比传统健美操教学方法更具有先进性及强劲的生命力，健身房教学模式顺应了创新改革的潮流，从人们的生活习惯出发，抓住了人们渴望集体性学习的需求，用互相推动的作用保持学生坚持的定力。将健身房健美操教学方法引入到传统教学方法中迫在眉睫，这是一种可以有效解决健美操教学模式单一化、同质化弊病的问题，让学生最大限度地发挥自己的创造能力，彻底释放出学习的积极性，实现既定的培养目标。

健身房健美操教学方法是指随着音乐的律动，在教师的带领下所进行的连续的集体性学习，呈现出连续性、集体性和直观性这三大特点。健身房健美操教学方法以其独特的"跟我做"的学习方式使学生的学习热情高涨，参与性大大提高，学生能快速掌握动作，改善健康状况和提高健康水平，同时也是为了休闲、娱乐、享受乐趣和成就感及国家体育总局体操运动管理中心明确提出的健身房健美操教学方法。

健身房健美操教学模式常用的教学方法主要分为五个。

1. 线性渐进法

在把单个动作顺序排列起来时，动作与动作之间只改变一个因素，这个因素可以是上肢动作、下肢动作或是加入其他的一些因素，这是一种不会发展成组合或套路的最简单的自由式教学方法。其优势在于每一个变化都是容易过渡的动作，学生在保持一定的强度下完成动作。

2. 金字塔法

金字塔法是一种递加或者递减单个动作次数的方法。逐渐地增加重复动作的次数称为"正金字塔法"，逐渐减少则称为"倒金字塔法"，"正金字塔法"有助于学生专注于动作技术、身体姿态和练习强度；"倒金字塔法"则可以增加动作的复杂度，对学员产生刺激，提高练习兴趣。

3. 递加循环法

递加循环法是指在健美操教学中每学会一个动作或一个组合，与前面的动作或者组合衔接起来，进行联系的一种递加式循环联系的方式。其优势在于可有效增大训练密度又可均衡运动负荷。

4. 连接法

把一个个单独的动作按照一定的顺序连接并发展成组合的方法，通常这种方法也叫"部分到整体法"，其优势在于适合初学者和中等程度学生学习一个很长的动作组合。

5. 过渡动作法

过渡动作法是指在教授学生一个新动作前或在组合与组合之间加入一个简单的动作，待动作或组合基本掌握后再去除过渡动作的方法。其优势在于能够使学生保持良好的学习状态。

6. 分解变化法

分解变化法是指把复杂的动作分解成最原始的形式进行教学再逐渐增加变化的方法。其优势在于能够使学生从简单的动作过渡到新的、复杂的动作或者组合中。

第二节 健美操教学过程设计与研究

一、教学目标

健美操教学的对象主体是学生，学生处于素质教育的大背景下，需要健美操这一项目来促进身心的全面健康发展，打破以往传统教育的壁垒，将日常体育运动融入人们的生活中。现代体育有生活化的趋势，将健美操融入学生的生活，使之成为一项日常的运动习惯，并且培养学生自我锻炼的能力与意愿，是健美操向轻松、有趣、娱乐身心以及促进身心发展的方向进行，为以后的学习、工作和生活打下良好的基础，这也是体育教育的大方向。而具体谈及体育的教学目标，我们则必须首先阐明课程目标的概念。

课程目标，是指在尊重学生身心发展规律的前提下，依据国家的教育方针，在一定时期内，通过完成特定教育任务下的教育内容，使学生达到要达到的培养目标。它具体体现着国家的教育目的和教育目标，也是课程实施、编制和评价的准则与指南。将课程目标进一步具体化则是教学目标，教学目标是指导、实施和评价教学的基本依据。由此可见，我国健美操运动的活动宗旨是全面提高学生的综合素质，这就要考虑到以下三个方面的因素：首先是学生的身心发展特点，其次是社会发展对学生素质提高的要求，还有健美操这一学科的特点和规律。另外，随着社会需求的增多，健美操运动不断发展，使得人们对健美操教师和教练员的需求越来越多，于是对健美操人才的能力要求也愈加严格。健美操人才的专业素养表现为：能教学、能训练、能创编、能组赛、能裁判。因此，健美操教学目标的设计需要与社会需求相结合，注重对学习者专业素养的能力培养，不局限于单一的动作教学。通过调查大量的传统健美操通识课程的教学设计和实际的课堂教学效果，笔者总结出其教学目标主要体现在以下几个方面：在认知层面，学生初步掌握基本的健美操理论知识；在技术层面，通过专业的训练，学生能够顺利地掌握动作要领，学会 1 至 2 套较为基础的健美操；在情感层面，激发学生对健美操运动的兴趣，提高学生的集体意识和荣誉感，增强学生的意志力和社会适应能力。

笔者将健美操教学目标分为以下五个方面。

1. 运动参与目标

通过健美操的学习，学生对健美操具有浓厚的兴趣，能够积极主动地参与健美操运动的训练。学生能够养成自觉锻炼的习惯，积极参与各项体育活动，具有终身体育的意识。学生通过学习健美操能够为自己编制简单的健美操动作组合。

2. 运动技能目标

通过学习健美操，全面了解健美操运动的理论知识和基本技术，掌握健美操技术练习的方式，达到熟练展示动作技能的目标。学生能够学以致用，运用习得的理论知识指导健美操运动的实际训练。学习健美操动作，掌握动作并与音乐的协调配合。

3. 身体健康目标

通过健美操的学习，学生能够对自己的身体健康情况进行基本的测试和评价，掌握一些增强体能提高身体素质的理论知识和训练方法。养成规范运动的习惯，具有处理常见运动创伤的能力。能够养成良好的行为习惯，形成良好的生活方式，提高健康水平。增强学生的韵律感与协调性，使身体机能的训练更加协调，促进全身运动，从而增强体育锻炼的效果。

4. 心理健康目标

通过健美操的学习，学生能够充分展现自我，发挥自己的才能，增强自己的自信心和表达的欲望，从而具备良好的心理健康素质，在运动中体验运动的乐趣。另外，学生能够在健美操课程中体会到团队合作的重要性。学生能够通过体育运动的方式积极地调整心理状态、克服心理障碍，养成积极乐观的生活态度。

5. 社会适应目标

健美操教学是一种团体性教学，不是一对一的私教式教学。学生通过在健美操团队中学习，适应与他人友好相处，培养与他人良好的沟通能力，收获更多的友谊。通过健美操的教学，培养学生良好的体育道德、创新精神和合作精神，通过各种形式的练习，使学生学会尊重并听取他人的意见，互帮互学，形成良好的团队合作精神，使学生能够正确处理竞争与合作的关系。

简单来说，健美操教学的目标是：①掌握健美操的基本技术、技能和方法，培养学生自编、自练健美操的能力和创新精神，形成终生体育锻炼的基础；②提高学生的身体素质，使学生形成良好的身姿体态、塑造健美的体型；③具备良好的心理状态，养成积极乐观的生活态度；④培养学生团队协作的精神和勇于展示自我的自信；⑤开发学生的运动潜能，使其身姿灵活，肢体协调，全身充满活力。

二、教学内容

健美操教学的内容是由体育教学的目标、基本规律和我国的国情决定的。健美操课程应该与时俱进，将健美操课程与学生的健康需求紧紧地结合在一起，加强内容的综合性，突出能力的培养，达到全面提高学生整体素质的目的。可以看到，健美操内涵的不断丰富必然导致健美操教学目标的多元化和全面化，这也带来健美操在教学内容上的更新和扩展。

1. 基本动作训练是基础

基本动作是健美操运动的基础，是最小单位元素动作。千姿百态的健美操组合动作都是在其基础上变化和发展起来的。练好健美操的基本动作，可以正确掌握动作规格，建立良好的基本姿态。它主要包括下肢动作、上肢动作及躯干动作。健美操基本技术是体现健美操最基本的特征，也是用以区别其他项目的重要特点之一。基本技术包括弹动技术、身体控制技术、平衡与重心转换技术。基本动作与基本技术体现的是课程内容构建的基础性原则，它们是健美操技术教学中所谓的"长半衰期"的知识，是进行本项目深造和其他项目学习的重要基础，因而尤其重要。

2.. 塑造形体姿态是目的

形体练习是健美操基本技术教学过程中的基础，这包括最基本的站姿、坐姿、走姿和把杆练习，通过这些训练项目来帮助学生建立良好的肌肉感觉，这是姿态练习的重要手段。除此之外，艺术体操当中的一些最基本的舞姿跑跳组合练习也可以达到矫正身体畸形的目的，例如，"3""4"型腿可以帮助形成正确的身体姿态，一些基本的舞蹈步伐和动作练习也可以使各部位肌群协调发展，从而形成匀称健美的体型和优雅的身姿。

3. 多元化的课程内容是趋势

健美操的教学项目是丰富多彩的，我们要充分利用这一特点，除了有限的成套动作的学习，也可以不断将拉丁健美操、搏击健美操、竞技健美操等进行有机的串编，如此一来，不仅可以丰富课堂内容，还容易调动学生的学习兴趣。另外，在动作的选择上，应当是简单易学且造型美的，但又不光是追求动作的形式美、立体性，更重要的是通过丰富多彩的动作变化来养成良好的姿态，塑造优美的形体。丰富课程内容的同时也应该提高课程学习的质量，这样才能达到提高身体素质和锻炼身体机能的目的。此外，还应该从尊重学生的个性出发，在保证课程的共同基础的前提下，提供不同基础、特点和发展潜能的多样选择，促进课程内容的弹性化和自主化，以此激发学生的潜能和创新能力，提高学生的体育能力和综合素质。总的来说，课程内容应该兼顾两个方面，在加强所有学生的共同基础的同时，也应考虑到每个学生特殊的个性的发展，对课程内容的理解也要紧跟时代的步伐。

综上所述，我们可以发现健美操之所以受到如此广泛的青睐，是因为它能有机表现人体的"健、力、美"这一独特的魅力，它不仅仅是一项体育运动，而且融合了多种艺术因素，所以，有人形象地称健美操是"流动的诗、运动的画、跳动的音乐"。审美性、表现性、创造性应贯穿于整个健美操课程的教学之中。

三、教学任务

教学任务是教师在教学过程中的主观期望和假设，它以教师为主体，讲授基本动作和套路，带领学生进行健身训练，提高学生体能，帮助学生养成终身锻炼的习惯，健美操的教学任务如下。

1. 讲解理论知识，传授动作技能

教师要遵循理论和实践相结合的原则，以理论知识为指导，传授学生动作技能。在教学过程中，注重循序渐进的原则，要求学生积极地从健美操技能的感性认识转化到理性认识，加深学生对健美操技能的认知程度，注重学生活学活用的应用能力。

2. 提高学生的艺体素质

健美操的学习要求学生具有力量、体能、柔韧性等良好的身体素质，教师需要根据学生的身体素质进行适当的体育训练，从而达到预防运动损伤、增强学生专项力量、保证健美操动作的到位和连贯。此外，教师要注重培养学生对音乐节奏的敏感度，增强学生的审美能力。

3. 培养学生的艺术表现力

教师应该在学生掌握健美操动作的基础上，注重学生的艺术表现力，加深学生对所学动作的理解程度，体会动作包含的情感，确保课堂的教学成果可以达到健美操集视觉、听觉、感觉于一体的艺术效果。

4. 增强学生的适应能力

教师要打破单一的说教模式，注重学生的情感体验，要善于营造轻松的课堂氛围，增加课堂互动，培养学生的集体意识，从而建立良好的师生关系。学生不仅要与教师建立良好的师生关系，还要与团体成员建立良好的合作关系。因为健美操通常以团队的形式呈现，所以教师还要增强学生的社会交往和应变能力，从而培养学生的团队合作精神。

四、教学评价

教学评价是研究教师的教和学生的学的价值的过程，教学目标是进行教学评价的根据，科学的评价标准、高效的评价方式是进行教学评价的必要条件。教学评价具有诊断、激励、调节、教学等作用，是整个教学工作中不可或缺的一个环节。教师、学生、教学内容、教学方法、教学环境等，都是教学评价的对象。对学生"学"的评价和教师"教"的评价，是教学评价的主要内容。在健美操课程中，教学评价毋庸置疑是一个重要环节，科学合理的教学评价是保证教学质量的重要手段之一。健美操的课程评价主要是对学习者及课程本身的评价，评价方式比传统教学课程评价的方式更新颖，更能激发学习者的兴趣。

1. 对学习者的评价

健美操对学习者的评价以考查和考试的方式进行。学习者的成绩包括平时成绩与最后考核两大部分。学习者的平时成绩根据其作业和练习的完成情况、课堂讨论交流等方面来评定。在上课的过程中，会不断提出一些理论性问题与技能性题目，需要学生们作答。这样的形式，既具有趣味性，同时又可以让学习者检验自己对教学内容的掌握程度。每一课结束后都留有课后作业。课后作业的批改，方法多样，主要有机改、教师和助教评改、学员之间的互评。其中，学员互评是一种能够激发学习者的学习兴趣、促进学习者的学习能力提高的有效手段。主讲教师和助教制订好评价量规、范例、评分标准等，发给学员，并对互评活动进行指导、培训、检查和监督。每名同学的作业和练习需要接受 2 到 3 名同学的评价，每个学员平均要评价 2 到 3 名同学的作业和练习。这种互评的方式，为学习者之间搭建了更好的交流平台，有助于学习者掌握教学内容。

2. 对课程的评价

健美操运动是一种需要学习者长期坚持的课程，半途而废的学习不会有任何实质性的效果。因此，健美操教学可以建立课程评价机制，赋予教师监督的职权，以访谈的形式，调查学习者对课程的评价。学习者在访谈中对课程的优势与不足都进行了分析，并且提出了自己的建议。这种做法对意志力不坚定的学习者来说，起到了一种督促和监督作用，给予他们坚持学习的动力直到课程结束。有一些学习者在经过一段时间的学习之后，对健美操训练有了自己的领会，学习起来也更得心应手。他们克服了最初阶段的困难时期，将会迎来健美操学习的春天，体会健美操运动带给他们的好处，增强他们的体质，调整他们的身心状态。

笔者建议，现在移动互联网十分发达，几乎人人都有手机，为了保证课程评价的效果，教师可以利用社交软件建立学习讨论群，让学习者在群中定期上传自己的练习视频，让教师或者是学习者之间互相监督，相互促进，共同完成学习任务。教师也可以在群中上传自己的示范视频以供他人监督评价，方便其他教师或者是学生对自身所存在的问题提出合理化建议。另外，要注意教师在安排课程内容的时候，要遵循循序渐进的原则，跨度不要太大，从基础动作的学习开始，逐渐深入连贯成套动作。

第三节　健美操教师教学能力的训练

教师的教学能力决定了学生如何找到更高效学习健美操的方法，教师是学生学习路上的引路人，承担着教学的重担。因此，健美操教师自身必须时刻学习，提高自己的业务能力，注重教学能力的培养。除此之外，高校体育专业也应该为我国的健美操教师队伍输送源源不断的专业人才，培养这些未来教师的教学能力。根据健美操的课程设置，笔者主要将健美操教学能力的培养分为六项：动作的编排能力、音乐的选择与创编能力、教学组织的能力、讲解示范的能力、教学应变的能力、教学过程的反思能力。因此，本节主要从这六个主要的教学能力方面来研究健美操教师教学能力的培养问题。

一、动作编排能力的培养

首先，健美操的整个学习和训练过程是一个不断累积的过程，健美操项目虽然与体操、体育舞蹈、艺术体操等项目同属于艺术类项目，但是健美操这一训练项目和其他的体育项目却有着有不同之处，在健美操的教学中都有规定的成套动作的练习，且所占比例较大，因此要求健美操教师有能力对健美操动作进行编排，在领悟了健美操动作编排的重要性和编排原则的基础上，深入研究学习动作编排的原则和要求，达到动作编排的要求。接下来，笔者将从以下三个方面来谈谈健美操动作的编排能力培养问题。

（一）动作要素的掌握是健美操动作编排的基础

由于健美操动作丰富且变化多样，因此对编排者自身的要求是很高的。只有前期接受过系统性训练和学习的教师，才能够有能力编排出一套较好的健美操动作。

健美操动作编排的基础是要了解并掌握健美操动作要素，具备一定的健美操的基础知识，例如：在健美操的教学中，动作要素是最基本的前提条件，健美操的动作要素主要包括一些手形动作和基本步伐动作，基本手形包括拳和掌的学习。健美操手形动作的学习是健美操整套操化动作的一部分，要求教师在动作编排中熟练掌握手形动作，以及手形动作的灵活变化，拳掌之间的灵活转变。另外也可以通过健美操套路的练习来加强对各类手形动作的掌握和学习。除了手形动作之外，健美操的基本步伐种类有很多，按照动作的高低冲击程度可以分为：无冲击步伐、低冲击步伐和高冲击步伐。无冲击步伐就是两只脚同时不离开地面的动作，基本无冲击，这类动作有半蹲和弓步；低冲击步伐就是有一只脚离开地面的动作，属于低冲击类，这类动作包括：踏步、并步、走步、一字步、V 字步、移重心、后屈腿、点地、交叉步、吸腿、摆腿、踢腿；高冲击步伐是两只脚同时离开地面的动作，属于高冲击类，这类动作包括：跑、双脚跳、开合跳、并步跳、单腿跳、弹踢腿跳、点跳等。基本步伐的学习和掌握在健美操的动作编排中很重要，基本占据主要部分，步伐种类繁多，不易掌握，而且无冲击、低冲击、高冲击步伐也需要教师在学习中能够合理地加以区分和掌握，进一步为动作的合理编排做铺垫，另外有时候还会结合一些头颈的动作、胸部、腰部、胯部的动作以及地面上的一些动作。

因此，只有在了解了这些动作素材后，才能逐步对健美操动作的内在规律有所了解，并充分感受其连续性、流畅性、舒展性、和韵律性，以及充分感知动作的协调性，在掌握了健美操的动作且有了更多的体验和感受外，才能在以后的学习和训练中对已有的动作素材进行加工、移植、对比和再创造。

（二）相关理论知识的掌握对动作的编排起着指导作用

作为一名健美操专项教师，眼光不能仅局限于当前，还要时刻跟随时代的步伐，了解并更新自己的知识体系，了解新的健美操理论，对编排一套优秀的成套动作具有重要的指导意义。因此，教师不能仅限于学习健美操的动作要素，有关健美操的其他理论知识要素都要有很深的了解，并有一套属于自己的独特的见解。例如：健美操项目的特点、动作的编排原则和要求以及健美操规则等理论内容的引入，另外教师还可以充分利用网络设备，观看一些国内外健美操项目的比赛视频及录像，尽可能地使眼界宽阔、思维拓展，为创造出理想的编排动作创造一定的条件。掌握和了解学习更多的健美操动作要素，为健美操动作的更好的编排做准备。

（三）培养健美操动作编排能力的具体方法

1. 在掌握健美操理论知识和动作编排原则的基础上，先编排健美操的单个动作，在单个动作的基础上编排一些组合动作，在单个和组合动作的基础上再进一步编排健美操成套动作。

2. 一名优秀的教师不能仅仅沉醉于自我创编健美操，还应该听取外界的声音，及时更新自己的观念，吸收新鲜灵感。作为一名健美操教师，不能只想着自己编排健美操动作让学生跟着一起做，从长远来看，这种方法不仅会局限教师的发展空间，而且还会禁锢住学生的创新能力，在健美操的学习上不会得到进一步的提高。因此，教师可以对学生提出一些健美操动作编排的具体要求和组织实施方法，让学生们自由组成一个小组，大家一边研究一边进行创编，同时也可以分配给每个学生不同的任务进行编排，然后统一由教师和同学们一起评定。这种方法既能让学生们从实践中收获创编能力，也能让教师从学生的作品中汲取创编灵感。

二、音乐的选择与创编能力的培养

健美操是一项在音乐伴奏下，按照特定规律、原则、载体通过身体练习来达到其目的的体育运动项目。因此，动作和音乐是它的两个最基本的组成部分，而这个部分又是相互独立相互联系的，即各自有着自己独特的表现形式又相互依存。因此，健美操的创编除了动作的编排以外，还包括健美操音乐的选择和创编，健美操音乐在健美操的教学中起着很重要的作用，音乐可以说是健美操的灵魂，有了音乐的完美配合才能完整地体现出健美操的健、力、美的特质，有了音乐的配合也才能更好地显现出动作编排的质量和精华所在。

（一）乐感的培养方法和手段

如果健美操练习者对音乐缺乏感受能力，不能理解音乐所要表达的内涵，就无法真正地把健美操的主题表现出来，自然也不能掌握音乐的节奏，可想而知动作的节奏也就不能显现出来。因此，练习者对音乐的感受能力至关重要，健美操教师对学生乐感的培养起到了决定性的作用。

由于健美操的音乐特点是具有强烈的节奏感，音乐层次也十分清晰，且鼓点分明。健美操的形式种类有很多，如：有氧操、踏板操、搏击操、街舞风格的健身操等，因此这就要求健美操音乐的风格也是多种多样的，如迪斯科风格、拉丁风格的音乐、爵士风格等，所以教师在教学过程中应该注重对学生乐感的培养和熏陶，学生在平时的学习和生活中要多听这方面的音乐，在课堂上，教师也可以利用准备活动阶段和学生休息之时多播放一些不同风格的音乐，这样能够提高他们对音乐和动作的理解能力，进而在健美操的教学和训练中合理地选择与动作相符合的音乐。

1.教师自身要在课下勤学乐理知识，明白和理解音乐的创作，也可以通过倾听音乐会和多种不同类型的音乐，感受不同的音乐类型，提高对音乐的感受能力。

2.通过倾听不同类型的音乐，并根据音乐联想到某个故事情境或者某个景色，才能更加准确地根据音乐表达出情感，表现音乐。教师可以通过静静地听音乐，揣摩它的含义，认真分析音乐的结构，思考该如何表现音乐。另外，教师可以提供几段学生之前编排好的健美操动作，让学生自己根据编排好的动作选择合适的音乐，让学生自己进行评定和打分，随后教师综合对学生的评价并发表自己的意见，这样做进一步提高了学生对音乐的理解和感知能力，加强了学生对音乐与动作的组合的学习能力，也进一步锻炼了教师的乐感。

（二）音乐的剪辑能力的培养方法和手段

操化动作在音乐的选择方面是很重要的，但是往往在一套健美操的编排动作中，教师要根据自己编排的动作要求和独特风格剪辑合适的音乐与之搭配，所以这就要求教师能够熟练掌握音乐的剪辑，发挥其创造性。另外在科学技术迅猛发展的今天，音乐的剪辑能力在动作的编排和音乐的选择上提出了更好的要求，使之达到动作与音乐的完美结合。因此，教师在教学中使用已出版的音乐作品时，往往需要根据自己的需要进行剪辑，并要在尊重原有的音乐完整性的基础上，不能破坏音乐的基本结构形式。音乐剪辑能力是对健美操教师能力的一项重要考验，能否创作出衔接流畅、风格独特、动作与音乐完美配合的健美操音乐，决定着学生能否对学习的内容时刻保持一定的学习热情和兴趣，让学生在学习的过程中找到快乐。

三、教学组织的能力的培养

健美操的教学组织能力主要表现为教法的组织和运用能力、组织学生学习的能力、整队调整的能力、组织学生进行比赛和表演的能力等。培养教学组织能力的方法如下。

1.让学生轮流负责每节课的集合、整队、调队、报告学生出勤情况等工作，组织好学生见习请假、场地器材的使用情况。另一方面，要依据现场条件来定队形，练习队形的选择应该根据人数的多少、场地的大小等具体情况来定。

2.把全班分成几个小组进行练习，由各个小组成员轮流组织成员学生进行练习，同时，教师对各个小组的组织情况进行整体评价，提高学生组织教学的积极性。还可以在课余时间组织各个班级进行小型的健美操比赛，学生互为表演者和裁判者，进一步提高学生的组织能力。

3.最后可以根据教学的任务和练习的内容以集体练习和分组练习的形式进行教学。集体练习要求以全班为一个整体进行练习，在健美操课中大部分都采用的这种形式，这种形式也便于教师进行集中的讲解和示范，节省教学组织的时间，也有利于加快教学进程；分组练习是把学生分成两个或两个以上的组，可以组织学生做相同的动作，也可以做不同的动作，可以把学生分成几个组，每组布置不同的内容，然后进行一次轮换。也可把学生分成两个组，安排同一个内容，两组轮换进行练习。不管采用何种分组练习形式，主要根据教学任务、练习内容、学生人数及场地器材设备等情况而定，而不能千篇一律，另外，在分组教学时，教师要有目的、有计划地进行指导，同时要注意自己的位置然后再进行教学。

四、讲解示范能力的培养

培养示范能力的方法手段。动作示范在健美操的教学中经常用到，这也是展示健美操动作特点的最为直观的手段。在健美操的动作示范中，动作的类型比较多，比如有拉丁健美操、轻器械健美操、韵律健身操等，每一种类型都有不同的风格和不同的要求；所以这就要求教师结合不同类型的健美操进行准确的示范以及正确的教学。正确优美的动作示范是教师进行健美操教学时最能调动和激发学生自觉投入学习的积极因素。培养学生动作示范的能力，最主要的是培养学生正确、优美、独立的展示动作及准确、灵活运用示范点、示范面的能力。

（一）培养示范能力的方法手段

1.教师在对不同动作所采用的示范面、示范点进行演示后，要求学生自己进行实践学习，对动作进行掌握。

2.组织学生观看健美操教学、比赛以及表演的录像带和视频，通过观看使学生对规范、优美的动作有进一步的理解，以提高动作的规格和表现力。

3.通过采用固定姿势、改变动作节奏等方法学习并强化健美操的基本动作，形成正确、稳定的肌肉感觉，达到示范的标准。

4.让一个或几个同学在队伍前进行带领练习，一方面可以提高带领者对自己的要求，更规范地完成动作的练习。同时，也可以采用两人一组互相示范的练习方法，培养学生正确示范及示范面的转换练习。

（二）培养讲解能力的方法手段

健美操教学中的讲解是在深刻理解和体会动作的正确技术要领、表现方式、锻炼价值等基础上，所具备的一种语言表述的能力。这种能力不仅要求准确无误地表述完成动作时身体各部分的方向、路线、幅度、速度、节奏、肌肉用力顺序并抓住重点及难点，还应将动作的表现方式、对身体的影响等用语言清晰地表达出来。培养讲解能力的方法如下。

1.在教师讲解动作之前，让学生将教师示范动作的名称、术语、动作过程等讲解一遍，之后教师按照讲解的要求为学生讲解，通过教师与学生讲解的比较，使学生明确简明扼要、条理清晰地讲解在学习中的重要性和必要性。

2.在课中教师提出问题，让学生在示范中讲述完成动作的要领、要求和注意事项，讲解完成后教师给予评定，指出应改进的问题，并让学生在总结后重新进行讲解。

3.根据教学进度和教学任务，教师邀请学生评议本次课的教学完成情况，并对评议提出要求。随后教师再根据情况进行总结评议，然后指出优缺点，提出改进意见和希望。

五、教学应变能力的培养

1.在健美操的课堂教学中，教师要结合教学目标以及学生学习的现状、特点灵活选择教学方法，在教师"教"与学生"练"的过程中，教师注意仔细地观察，哪些教学方法运用得比较好、教学效果比较好的，哪些教学方法运用得不好而影响了教学进度的可以马上更改，教师要灵活地进行选择和变化。

2. 教学中的失误是不可避免的事情。在健美操的教学过程中，技术动作和难度动作多种多样、难度不一，变化也比较多，教师在教的过程中难免会出现大大小小的教学失误，在这种状态下，教师应该学会巧妙地处理，将教学的小失误巧妙处理为课堂可利用的部分。

3. 在根据教学内容的制订选择合理的教学方法和手段的前提下，教师在课堂教学过程中应该密切关注教学进度和节奏，也要依据学生学习技术动作和难度动作的情况进行宏观的调配，在教学目标的支配下合理调整教学的节奏，合理地安排教学内容、时间和进度等。

六、教学过程的反思能力培养

作为一名教师，教学反思是教师必不可少的一项能力。一个时常进行反思的教师，教学能力更强，也更容易得到学生的欣赏。根据研究显示，培养教师对教学过程反思能力相对于对教师自身的反思和教学行为的反思要重要得多。因此教师可以通过反思意识和反思笔记、反思教案等方法、手段对教学过程中的反思能力进行培养。

1. 通过反思意识的培养是关键。反思意识需要从学生阶段开始培养，学习健美操的体育生是我国健美操教师的主要组成部分，这种反思意识就应该在他们大一刚入校时开始培养。这些健美操专业的学生往往在校园中比较重视学科知识、专业理论知识和技术技能的掌握和学习，迫于就业的压力也比较关注学习成绩和学分的显性知识，而最终忽视了反思能力这一隐形的知识的发展和培养。因此，高校的教师要注意在日常言行中以身作则，时常反思自身的不足与学生的不足，及时查找原因，并解决问题。从而让学生们在上课的过程中就跟着教师一起形成反思的意识，有利于他们将来更加从容地步入职场。更重要的是，重视反思意识的发展和反思行为的养成有助于反思习惯的生成。教师的反思意识会使教师总是处于一种积极的、主动的意识状态中，随时可以捕捉到各种教育时机和教育情境。

2. 勤于做反思笔记和反思教案。反思笔记就是教师在教学活动中，对教学活动中发生的一些小状况、课堂要点、课堂的进展情况等进行记录。这是一种教师有感而发、有感而记的随笔日记，并且不受时间地点等客观因素的限制的自发行为。教师通过这种教学过程的记录，久而久之也可以提高教师的教学能力，如在健美操课的教学过程中，教师就可以通过这种小随笔的形式记录整个课堂的教学情况、学生掌握新旧知识的情况、学生对教学方法的适应度和一些突发状况等，这样就可以提高教师的教学效果，并有针对性地进行下一次的教学活动的安排和规划。

第三章　健美操的音乐与编排

　　健美操中的音乐选配是指选择音乐配合健美操动作，选配好的音乐可以提升健美操的表现力和感染力，有利于推动健美操运动的发展。

　　人们喜欢沉迷在优美动听的音乐旋律中，这样容易使听众内心产生强烈震撼的感觉，因此，健美操音乐的选配对整套健美操的成功起到至关重要的作用。在音乐选配前首先应该弄清楚片段音乐要体现出的主体思想，然后静心地去倾听音乐，感受音乐带来的美感，通过乐曲的大段跌宕起伏的韵律、强烈的音乐色彩变化、复杂音乐节奏的交叉进入音乐营造的情境当中，并运用自己倾听音乐的经验和作曲家的音乐创作背景，慢慢去感受和体会隐藏在音乐中的内在真实情感，进行分析乐曲的结构、感受音乐的情感变化以及产生的音乐旋律的变化，还有对音乐主题的发展等元素进行研究与讨论。通过上述的选配现状进行分析，编排者应该做出比较科学合理的评判，为健美操的形成和发展奠定基础。

一、音乐素材的主要选取来源

　　音乐题材是构成健美操必不可少的一项基本元素，挑选恰当的音乐题材是构成健美操音乐的主要步骤之一。通过查阅收集的一些有关健美操音乐题材的文献资料，征求和采纳专家学者和专业教练员的建议，笔者将目前健美操音乐材料的主要来源总结为以下几个方面：即原创音乐、国外流行音乐、国外民族民间音乐、国内流行音乐、国内民族民间音乐、改编音乐（如表 1 所示）。

表 1 健美操音乐材料的主要来源分析表

主要音乐类型	优点	缺点	百分比 %
原创音乐	体裁新颖	不容易创作	6%
国外流行音乐	节奏快表现力强	主题比较单一	39%
国外民族民间音乐	主题明显	连贯性不强	5%
国内流行音乐	传播速度快	主题不够明确	30%
国内民族民间音乐	旋律感强	速度慢表现力一般	11%
改编音乐	风格独特	与动作配合效果一般	9%

根据表格内容显示，我国健美操的音乐素材选用国外流行音乐和国内流行音乐的居多，百分比分别为 39% 和 30%，两者之和占据了 69%。在日常练习的过程中，练习者或教师选用国内外流行音乐作为健美操伴奏背景是由两个因素主导的，一是流行音乐的速度快节奏感强，可以调动练习者的表演激情，充分展示健美操的艺术魅力；二是健美操项目起源于外国，各方面的发展都比我国成熟。健美操练习者避免不了会参加一些比赛来检验一下自己的训练成果，甚至有些比赛会邀请一些外国的专家来当评委。尤其对专业的健美操运动员来说，世界健美操锦标赛以及我国健美操锦标赛的专家裁判大多数都是外国人，他们肯定对流行音乐的理解较深，认可度较强。

其他四种类型的音乐所占总和达 31%，平均每种音乐所占百分比还不到 8%。主要的原因是：国内外民族民间音乐都属于地域性的音乐，传播的面较小，比如说我国彝族的"爬山调"，流行于我国的云南省西北部地区，这个曲调用口弦、月琴、马布、葫芦笙、胡琴、彝箫等乐器进行演奏，音乐整体腔调活泼开朗、自由奔放，韵律感强。云南省及附近省的健美操从业者对这个曲调有一定的了解，可能会选配到健美操中，而我国其他省份以及国外的健美操从业者则不会选择这样的音乐。除此之外，原创音乐和改编音乐需要专业人士去操作，健美操方面的专家一般对音乐知识的掌握不够专业，而音乐方面的专家也不太了解健美操的相关知识，在健美操和音乐这两个方面都懂的专业人士不多，这就成了原创音乐和改编音乐发展的障碍。

二、健美操音乐的特征

（一）特殊规定的音乐时间与速度

竞技健美操竞赛的规则是由国际体操联合会颁发的，它规定了：完整的动作所需要的时间在 1 分 30 秒内，从中可以或多或少地进行五秒的修改。关于竞技健美操音乐的速度规定：快板，急板作为竞技健美操的音乐的主要因素，竞技健美操运动员的心脏以及肺的功能会特别快，竞技健美操音乐需要的速度是 156 到 180 拍每分钟之间。

健身健美操的竞赛规则将完成一套成套动作的时间规定在 2 分 30 秒到 3 分之间，计时从动作开始到动作结束，音乐速度不限。

表演健美操的主要练习目的是"表演"，它是事先编排好的、专为表演而设计的成套健美操，时间一般为 2 至 5 分钟。表演健美操的动作较健身健美操动作复杂，音乐速度可快可慢，并为了保证一定的表演效果，动作较少重复，也不一定是对称性的。

（二）音乐节奏与节拍

节奏是音乐的重要组成部分，在音乐元素中占有很重的位置，从宏观方面来说，它是音乐的核心，在音乐规范方面进行强和弱的替换以及拍子的组合的变化和速度的转换，包括拍子和频率这两个方面，呈现出不同的运动特点，节奏松紧都要有一定的范围。例如：竞技健美操的节拍的变化能将节奏分为内在和外在，可以用节拍的强弱变化以及速度来表现，这是竞技健美操节拍变化的外在需求。强弱的要求可根据竞技健美操姿势的改变而改变，在一些细微的力度处理上我们一般把强、弱、强、次弱的力度改成强、强、强、强。按照竞技健美操对音乐的需求，速度通常为156至180拍每分钟，要求注意听觉与视觉的完美配合。顾名思义，竞技健美操音乐的内部节奏变化必须能随时附和随时变化的竞技健美操动作，运动员的感觉由所挑选的竞技健美操音乐的成功与否来决定的，使他们在整体协调和面貌方面有突出的变化，自然而然就形成了竞技健美操的内部节奏，而这种节奏恰巧是组成竞技健美操特色非常重要的组成部分。因此，想要呈现出竞技健美操的核心方向，必须将音乐、动作完美地结合起来，使观众感受到视觉和听觉的享受，让他们明白什么是艺术。相比于竞技健美操来说，健身健美操和表演健美操对音乐节拍的完美程度的要求相对较弱，但也在节奏方面要求衔接恰当、节拍强弱明显，能够充分地展现此套操的主题和特点。

虽然说音乐的编排不同，但是开头和结尾必须完整和顺畅。若想有一个非常好的运动效果，通常都是用八拍子乐段，在音乐构造上有一种使人感觉舒心与顺畅以及完整一致的感觉。除此之外，健美操里面的音乐需要有开头高潮起伏和结尾。全套健美操音乐，需要由一首或者几首曲式风格差不多的音乐组合而成。音乐不一样的节段之间的选择的要合理顺畅完整，乐句的前面和后面都可以组成一个乐段。而我们想要确认节拍的段落与乐曲句子的主要部分是不是整套的，我们可以依照音乐的构造段落节拍数和旋律的幅度大小来进行动作的创造，然后把开始段落结束段落还有每个段落十分通畅地结合起来，只有多听多练才能选择出适合的曲目。

（三）音乐旋律要有完整的乐段

旋律又被称为曲调，是几段音乐音符有规则地进行。拿它和别的重要因素相比的话，旋律在音乐中占特别重要的位置，所以它也是最重要的表现形式。之所以说"旋律是音乐的灵魂"，是因为旋律自始至终带领着音乐在各个方面的律动。成套的健美操音乐，需要充分表现出它的艺术特色。

如果你想要突显音乐的艺术特色，音乐就应该要有完整的构造，并且开头和结尾节拍的强弱变化也必须凸显出来。因为不一样的旋律能够呈现的音乐的情绪也不尽相同。音乐旋律的幅度越大，练习者所能感受到的情感的幅度就越显著，因此，练习者无论在日常训练还是在表演过程中，旋律的重要性显得至关重要。只有当旋律的幅度变化大的时候，练习者更容易将自己的情绪沉醉在其中，也更容易将动作做得标准规范，这样不仅能够更加凸显和呈现健美操创编者内心想要表达的，还能够将练习者的真实水平发挥到极致。

第一节　健美操的音乐风格

音乐的各种因素如节奏、速度、节拍、风格等都能给健美操带来全部意义上的改变。根据不同风格的健美操，其音乐风格的选择也不同，音乐风格的多样性的变化，能够激发健美操练习者对健美操更高层次的理解，增强健美操练习者的锻炼激情。另外，不同地域风格的音乐也能给健美操带来更强大的感染力，使观赏者在视觉和听觉上获得更丰富的感知体验。

音乐风格是从一个特定的时代背景，甚至是某一种延续至今的由某一个作曲家所处的时代相对应的、具有代表性的音乐作品，在其中所表现出来的共同稳定的音乐风格特征。音乐风格的形成是个非常复杂且探讨面相对较广的话题。大体来说，音乐风格主要由曲调的不同、音乐色彩的差异等各种音乐要素交织在一起的风格特征背景组成，音乐形态和音乐人物（音乐所搭建的情感变化桥梁以及在特定时代所产生的音乐种类）、音乐流派（在特定时代所产生的作曲家对音乐的不同的理解方式，反映一个时代所表现出来的音乐风格）、音乐地域（以各种地域、种族以及各地文化的差异所展现的不同音乐风格）、音乐种类（不同音色所展现的不同特色的音乐）以及音乐结构（曲式结构中的一部曲式二部曲式以及奏鸣曲式）等音乐结构框架所产生的思想、情感及形式的美学成分。

健美操音乐与其他音乐有着不同的区别，在选择健美操音乐时有着它自己的独到之处，选用 2/4 拍或 4/4 拍的音乐节奏比较多，音乐的选择种类选择的方向较多，选择方向主要有爵士乐、迪斯科、摇滚乐、轻音乐、交响乐、民族民间音乐等，有利于健美操练习者进行动作上的整体展示。除此之外，音乐在力度上的强弱对比，可以促进动作表演拥有更强的表现力，其音乐的表现力能够给听众在视觉和听觉上带来强烈的共鸣。

笔者根据调查发现，在健美操音乐风格的运用分析中，爵士乐的运用率占39%、迪斯科占21%、摇滚乐占16%、民族民间音乐占10%、交响乐占8%、轻音乐占6%。在健美操音乐的日常运用中，爵士乐风格的音乐形式在健美操音乐中占的比例最大，爵士乐最大的音乐特点是拥有节奏鲜明、演奏没有拘束性、色彩变化等独特的音乐风格，适合运用于健美操的动作上。另外，选用迪斯科和摇滚乐音乐风格的也挺多，原因在于这两种音乐是在爵士乐发展过程中演变出来的新风格音乐，但是主体风格与爵士乐相似。除此之外，民族民间音乐近年来也在健美操音乐中频繁出现，它以其节奏轻、速度较慢、旋律柔和的特点受到了广大健美操创编者的青睐。

由于健美操的动作以及整体编排都需要依赖于对音乐风格的准确把握，接下来笔者将对以下六种主要音乐风格作具体介绍。

一、爵士乐

爵士乐产生于20世纪初的美国，最早在美国的南部城市新奥尔良市产生，是在欧洲殖民者统治期间，黑人在劳动生活中所产生的一种乡村音乐。黑人在艰苦的奴役劳动生活中创造出这样一种形式的劳动歌曲，主要有婚丧、社交等几种场合中所表演的散拍乐。其音乐的创作是由欧洲音乐演变而来的，在其音乐发展的初始阶段都是即兴演奏，全曲都采用切分节奏。新奥尔良风格的爵士乐乐队中的每个成员都要在演奏曲目的基础上达到视谱演奏的水平，他们之间的合作都是建立在互相谦让有序的基础之上，音乐进行的整体结构只有和弦这么一个简单的元素，所以爵士乐在音乐风格中往往给人一种积极向上的动感音乐。

20世纪20年代末，爵士乐的高度发展又带动了新兴的爵士舞蹈的发展。摇滚乐也是从爵士乐演变而来的，爵士乐的演奏不仅仅局限于合奏，反而更多地以独奏为主。即兴的演奏都是以旋律的华丽演奏为主，相比较之前的演奏方式，要求乐手拥有更加精湛的演奏技术，许多大乐队的乐手后来都成了爵士乐界的巨星。

爵士乐的主要特点：一是旋律多采用切分节奏型，这种具有鲜明特征的音乐体裁对全世界流行音乐产生了巨大的冲击力；二是即兴演奏，这类音乐没有固定的调式、节奏、旋律等元素；三是运用节奏欢快鲜明的打击乐器（架子鼓、铃、军鼓、镲），在流行音乐中具有鲜明独有的特征；四是拥有欢快多变的节奏型；五是拥有极强的音乐色彩上的变化；六是音乐肢体上的多元化（旋律多声部音乐）。现在欢乐喜悦已经成了爵士音乐风格突出的代名词，欢乐是爵士乐的灵魂特点所在。

二、迪斯科

迪斯科源于美国，在二十世纪六七十年代流行于欧美各国。迪斯科音乐是在爵士乐的不断演变的基础上产生的一种新兴音乐体裁，其音乐多是一边演奏一边歌唱，其音乐的本质是在追求活泼快速的节奏，因此在音乐中出现了大量的重复片段，正是这种重复演奏形式赋予了迪斯科音乐新的生命与力量。然而相比于对演奏形式的重视程度，迪斯科的音乐并不太注重其歌词内容。迪斯科音乐的主要特点是：丰富了爵士乐的节奏，更加强调了打击乐的运用，曲式结构为单拍子，从头到尾都连续不断地重复，其独特的音乐形象使作品容易产生一种积极向上的感觉。

三、摇滚乐

摇滚乐又称滚石乐，爵士乐依旧是摇滚乐发展的师祖。摇滚乐的特点：节奏有快有慢，情感中往往更具有清晰的表现力，其音乐节奏也模仿了爵士乐，依旧是一种节奏的重复，给人的听觉冲击是一种摇摆激动的感觉。同样演奏者们在演奏的过程中保持了爵士乐的演奏感觉，节奏的明显，力度的大小变化都使摇滚乐在爵士乐的基础上拥有了新的高度。

四、民族音乐

民族音乐是指一些广为流传，具有民族与地方特色的音乐，多样化的音乐色彩与舞蹈的丰富性，体现民族地方的文化风俗。具有浓烈的世界各个地方和民族地域风格，不同的音乐形式和音乐色彩，更能展现一个时代强烈的气息。

五、交响乐

交响音乐作品也是健美操所选用的特定音乐形式之一，所谓特定音乐形式指的是通过管弦乐队和一些管乐队演奏的作品。交响音乐是由交响曲、协奏曲、乐队组曲、序曲、交响诗五种形式的演奏方式完成的，以及一部分比较有特色的交响乐团演奏的音乐片段。如：第五届健美操世界杯法国选手使用莫扎特的歌剧《卡门》作为比赛音乐。

六、轻音乐

轻音乐的类型各式各样，它的范围也更为广阔，然而现在它更多地倾向于比较悠扬，通俗易懂的音乐，所以我们无法对轻音乐进行定位。轻音乐的主题也具有多样性，但唯独不与戏剧有任何关联。轻音乐一般由轻快的舞曲、电影、戏剧、通俗、流行、舞蹈音乐、轻歌剧等这些较为主流的音乐体裁组成。

一般来说，健美操选用的音乐都是富有活力、充满力量，并且节奏轻快的，因此在健美操的这六种音乐中选用轻音乐作为伴奏的最少。只有在一些速度较慢的健美操中选择了轻音乐，能够极大地让练习健美操的人能够拥有更好的线条去表现舞蹈，动作的要求也在轻音乐的帮助下得到更好的舒展。从这可以说明竞技健美操的音乐越来越得到发展，受到人们的关注，其中也得益于风格，特色，且节拍强弱等方面也有了显著的变化。

第二节 音乐的运用技巧

柏拉图认为："节奏和曲调会渗透到人们的灵魂里去，音乐性格的善与恶使听者的灵魂变得优美或丑恶"。在音乐的旋律节奏和动作卓越的表现方式下，健美操的魅力就被展现得淋漓尽致，它是人们情感表达最直接的方式之一。通过健美操所展示出来的魅力，音乐和健美操的完美搭配丰富了听觉和视觉的表现能力，其中的韵律有着一种自然诱人的关系。好比一部电影，如果有声音没有画面，或者是有画面没有声音，都会使观众的感官世界缺少丰富多彩的画面，也不好理解电影中到底讲的是什么，所以说有声电影是人类一次重大的革新。然而，健美操如同有声电影，也是音乐与画面的完美结合，可以丰富观众的感官世界。欣赏的层面在不断地提高，创编音乐的能力也要随之提高。只有适合它的音乐，才能让健美操的内涵展现得淋漓尽致，才能真正发挥出健美操运动的魅力。

想要创编出一套好的健美操动作，就要选择符合其本身所具有特征的健美操音乐，因为音乐的韵律能够带动健美操动作的发挥，音乐的时值也就决定了健美操的长短，音乐的结束也就标示了健美操动作的结束。一套完整的健美操动作从开头到结尾像是一部电影，从头至尾，音乐一直伴随在其中。

一、音乐的风格把握

一套好的健美操既能创造出属于它自己的运动形象、又能展现出特立独行的音乐风格。健美操需要一部风格独特的音乐与健美操动作以及每个动作的力度完美地结合在一起，做到"动作中有音乐，音乐中有音乐"，让音乐完全融入健美操中，成为它不可分割的一部分。创编健美操必须要提前做整体规划，知道先干什么，后干什么，用什么样风格的音乐，动作的协调与节奏的配合，根据整套动作的特点选编与之风格相适应的音乐。

在健美操中，音乐虽然只是一个艺术片段，但是这种艺术形象是通过肢体运动表现出来的，比语言表达所表现出来的艺术形象更加生动形象。健美操是一种直观的情感艺术，如同小孩刚生下来不会说话，但能感知其形象特点，就只能通过动作表情等特殊语言来表现。要创编出一套好的健美操动作，就必须把握好健美操每一个动作角度的细节，适当地去调整动作的难易水平，要有明确的创作目的性，做出不同于其他健美操特点的编排，选择合适的音乐风格用于健美操中。音乐与健美操在某种程度上具有共性，共同发展，共同营造出对感官艺术的氛围。没有音乐，健美操就好像缺少了灵魂。完美的健美操作品在一首好的伴奏音乐的气氛营造下，就可以发挥出震撼的健美操艺术效果，把握好健美操的音乐风格就更容易带动肢体表演，收获最好的训练结果。

二、音乐的创作技巧

健美操运动是一个综合性的艺术表演形式，它的艺术在于音乐与肢体表演的完美结合，在每一个人看来没有音乐的健美操就像是看一部无声电影，永远只能猜测它所表达的内容。如果只将动作呈现在观众面前，那么健美操的艺术将永远不会得到理解。

健美操的每一个动作都是在跳动的音符和节奏中产生的，它们是音符的肢体表现，也是使每一个观众心潮澎湃的原因。因此，创编者在选择音乐的时候就多选择柔美的，节奏鲜明的音乐，随着动作的变化对节奏再做相应地调整。健美操选配的音乐是由各种特殊动作技巧来决定的，合适的健美操音乐，就要避免使用单一的音乐风格的形式，这种音乐会大大降低健美操的整体表演效果，如果使用风格节奏旋律单调的音乐，在听觉上就会产生疲劳，自然也会引起视觉上的不舒服。所以在选择健美操音乐的时候，一般都是选用比较有特色风格的，用音乐和声这种相对较多的音乐来衬托出健美操的动作艺术，比如选择一些像京剧曲牌、民族地方乐种等特殊风格的音乐，能够在无形之中引起观赏者在视觉和听觉上的共鸣。

三、音乐的节奏技巧

音乐的速度能够影响健美操练习者动作的快慢，从总体上来说，健美操是一个速度较快、情绪活力积极向上的体操舞蹈，能够给人一种青春活力、积极向上的感觉。这就导致练习健美操的人，其肢体动作活动较快，但是也不能使用过快的音乐节奏，当音乐节奏超过 180 拍的时候，人就已经在肢体上的运动有相当吃力的状态，动作自然在各个方面也就不会到位，更有甚者，练习者为了赶上音乐的节奏，在肢体方面拼命地追赶，结果导致练习者出现了紧急突发情况，身体上受到了一定程度的损害。

音乐节奏在不断变化，慢板的感觉就像是人心跳规律的状态，快板像一个人急匆匆地走路。音乐和健美操本身就是在人类正常的生活活动中产生的，选择适合健美操动作变化的音乐节奏，这样的健美操表演才会让观众接受。一般我们所选用音乐的时候，往往会考虑到节奏由慢到快再到慢的音乐走向，这样的节奏比较符合中国人的性格。节奏慢的时候，会给观众带来悠扬舒展的感觉；节奏快的时候，又会给人一种奔跑向前的感觉；然后再回到节奏慢的时候就好像快要抵达目的地，有种心情释怀的感觉。节奏速度上的对比，可以增添健美操整体动作的完整性，直到音乐结束的那一刻，仍会给人一种流连忘返、平静淡雅、耐人寻味的感觉。这样才能与前面的快板部分产生鲜明的对比，形成较强的色彩对比。

在许多健美操比赛中，还有一类比较受欢迎的音乐就是民族音乐，它往往由于民族地域差异的不同，音乐的速度过于缓慢，不太能够直接拿来当作比赛音乐来使用，这个时候就需要对音乐的速度进行调整，加快速度或在里边添一些鲜明的鼓点等，有助于健美操运动的步伐整齐划一，使动作更加坚定有力。然而也不是所有音乐都需要提速才能使用的，比如陕北民歌，因其地域辽阔，演绎的音乐就是欢快辽阔的，可以直接用于健美操中。没经过修改的音乐在健美操的表演和比赛中的整体感觉一定比处理过的音乐更具有整体的美感，但是也许会出现这种情况，比如音乐节奏过于缓慢，那么加速之后出来的效果就一定比处理前的音乐更加有动感魅力。总之，对音乐的选择一定要选择速度稍快，节奏清晰的乐曲。最后说明一点，鼓点的使用不要过于密集，这样往往会造成健美操练习者心理上的紊乱。

四、音乐的剪辑技巧

健美操不像别的舞蹈没有时间限制，它是必须在一定的时间里完成的体操舞蹈，所以往往在使用音乐前，都需要对时间、节奏、节拍进行严格的处理。这就需要健美操的创编者具备剪辑音乐的能力。剪辑音乐不是一件轻松容易的事情，首先从音乐自身的角度考虑，要选用一个符合健美操整体动作的音乐风格，修改时尽量别变动音乐的风格。其次，在处理音乐节奏的时候，应重点考虑健美操练习者能否将动作协调起来，不能让练习者的动作出现分层的感觉，音乐中一般不采用切分节奏型和复附点节奏型，音乐处理的质量在健美操的整体性上起到举足轻重的作用。在处理音乐的时候从外界角度上看，一定要符合大众的欣赏水平，就是所谓的要接地气，不要出现一些比较奇怪的声音。

总之，健美操的音乐不管怎么剪辑都要保持节拍的平稳，音乐风格也要符合健美操自身的运动特点。另外，创编者一定要认真把握音乐的整体风格。由于互联网的快速发展，人们获取资源的方式也更加快捷，互联网上的各种风格的音乐也迷乱了人们的双眼。音乐的创作者都是有想法的人，并在自己所创作的音乐中蕴含着自己独特的想法和感受，每一首音乐的创作都是不同的，所以人们可以很容易地从旋律中感受出每首音乐之间的细微差别。当创编者只是简单地把两段不同风格的音乐直接连在一起应用时，这就会给人一种硬生生地将两个本不相干的事物拼凑在一起的感觉。因此，创编者要提前感受两个音乐片段会不会产生共鸣，没有共鸣的音乐就没有艺术价值。还应注意一点，简单地将两个音乐片段剪辑在一起时，音乐在音高上不要出现太大的跨度，如果音高的跨度太大，势必会影响到音乐旋律的发展，成为健美操练习者控制舞步的障碍之一。如果想让三个或者是三个以上的音乐片段剪辑在一起，一定要保持音乐节奏、速度、拍号相同，不要一会儿出现4/4拍一会儿又出现6/8拍，这样在音乐上的感觉就像是将一个进行曲的音乐风格瞬间变成了圆舞曲的音乐风格，两个截然不同的音乐风格容易让健美操练习者在动作节奏上失控，同时让观众也会觉得音乐和动作不协调，驴唇不对马嘴，产生音乐播放错误的错觉。最后，创编者在剪辑音乐时，要注意音乐的曲式结构，合理的曲式结构会使旋律线起伏有序，旋律好的音乐更容易被观众欣赏。

第四章　健美操运动的创编

创编一套健美操是一项复杂的创造性活动，需要创编者具有丰富的理论知识，创编者不仅要具备丰富的体育知识，还需要了解音乐、舞蹈等方面的艺术知识。在此基础上，创编者要明确认识健美操这一运动的原则、目的、特点、人群、方法、程序等，以便合理、合法地开展健美操创编活动。除此之外，例如遇到竞技健美操等需要评判得分的形式，创编者还需要了解比赛的规章流程，裁判知识等。总之，创编一套健美操是对创编者水平的考验，也是检验创编者策划能力的标准。

第一节　健美操创编的要素

对创编者来说，创编成套的健美操，完成动作的编排，需要掌握以下几个要素：动作、舞蹈、音乐、空间和时间。

一、动作要素

动作要素是健美操运动的活动基础，是健美操单个动作的组成要素。单个动作是由人体的各个关节、部位和不同性质的练习所构成的。这些单个的动作又源于徒手体操和艺术体操，是构成单节操、组合动作或成套动作的基础，是编排成套动作的最主要的要素。

徒手体操运动是健美操运动的最基本的内容，是由头颈、上肢、胸部、腰部、下肢等各个部位的屈、伸、转、绕、举、摆、振等基本动作构成。只有正确地掌握徒手体操动作，才能有可能协调并准确地完成健美操的动作。

身体波浪动作是艺术体操的典型练习，不仅如此，肢体的摆动、绕环、躯干的屈伸、平衡、转体、跳步等技巧性动作也是健美操的内容。艺术体操的徒手练习不仅能够培养人们对动作的美感，而且还能锻炼人体的协调性，增强人的身体素质，将完成既定动作的难题提高，对观众的视觉冲击感也更强。

二、舞蹈要素

健美操中的舞蹈动作吸收了迪斯科舞、爵士舞、现代舞、民族舞等各种舞蹈的动作要素，不同种类舞蹈的侧重点各有不同，例如：民族舞富有地方特色，爵士舞性感富有节奏感，不同种类的舞蹈动作要求表演者具有一定的技艺性，有跳跃、旋转、翻腾、柔软、控制等高难度的技巧能力。

健美操上肢动作包括手形和手臂的动作。手形的变化不仅可以使手臂的动作更加丰富多彩，生动活泼，表现出美感，而且有助于加强动作的力量性。健美操中的手形是从爵士舞、芭蕾舞、西班牙舞、迪斯科、武术等手形中吸收和发展起来的，主要有掌：并掌、开掌、立掌；拳：实心拳、空心拳，以及西班牙舞手形、剑指、指和响指。健美操的手臂动作与基本步伐组合共同构成了丰富多彩的健美操动作内容，主要有摆动、举、屈和伸以及绕和绕环四类动作。

在健美操中融入舞蹈的元素，按照体操的特点和健美操本身的要求，对舞蹈的动作形态进行再创编，成功将体操、舞蹈、健美操三者融为一体，充分锻炼身体的各个部位，提高身体的柔软性，增强健美操的活力。

三、音乐要素

每当音乐的旋律响起的时候，人们往往无法抗拒，会情不自禁地处于音乐的氛围中。任何一种艺术形式都有自己表情达意、塑造艺术意象的表现形式。在编排一套健美操的时候，自然也不离不开音乐这个要素，可以说音乐是健美操的灵魂支撑，是健美操的精髓所在。音乐存在的意义绝不仅仅停留在作为一个音响效果，或者是控制节拍层次上，而是用来表达一种情绪，一种意境，更容易让练习者和观赏者融入其中，引起他们思想上的共鸣。另外，创编者在创编健美操的时候，可以借助音乐的力量，更容易激发创作灵感，设计出更符合音乐意境的健美操动作。

四、时间要素

创编一套健美操动作根据情况的不同，时间的限制也会有所不同。当处于编排健身健美操动作或者是教学动作和表演性动作的时候，时间比较灵活自如，可以根据当时的实际情况来选择时间的长短，这种实际情况包括内容的多少、难易程度、需求等，是可以灵活变换的。完成一套成型的健美操动作是有一定时间限制的，就像音乐一样，健美操的动作有时平和舒缓，有时激情昂扬，不是一成不变的，是此起彼伏的。此外，当处于编创竞技健美操运动时受到时间的限制时，根据规定，完成一套动作的时长是 1 分 45 秒，当然不可能完全按照这个时间分秒计算，人性化地加减 5 秒钟都是可以的，因此，编创竞技健美操的时候，时间应当控制在 1 分 40 秒到 1 分 50 秒之间。

五、空间要素

1. 方向路线

方向路线有两个层面的解释：一是指动作完成过程中肢体的运动路线；二是可以理解为行动的路线，即整个人体的运动状态。一般行动的路线主要有：直线、对角线、弧线。本节所谈到动作的路线是指后者，即一种整个人体的运动状态。

一套完整的健美操动作是由单个动作组成的，由不同的方形路线贯穿起来，表现为左右变化、高低起伏、前后移动等方向路线，这样更容易增强健美操表演者的表演艺术性，更容易引发观众的观看热情。可以说，变化多端的方向路线是不可缺少的要素。如果创编者在创编动作的时候，没有考虑到方向路线，将方向路线设计得单一、单调，那么即使动作再美、动作难度再高，都不会发挥连贯动作的表现力。

2. 队形变换移动

队形变化指的是在多人的表演小队中必不可少的要素。在团体操中，队员们共同完成一个动作需要通过某一特定的队形体现出来，队形的变换与移动不仅可以体现创编的特色，还考验着队员之间的默契程度，是一种不可多得的表现形式。

常用的队形有直线形、平行线形、弧线形、三角形、方形、菱形、V字形、丁字形等，队形的移动有同方向移动、反方向移动、交叉移动、顺时针和逆时针运动等。

第二节　健美操成套动作的创编

为了全面锻炼身体，达到全面发展的目的，人类发明了健美操这一全身性运动，以期充分调动身体的肌肉、关节、韧带、内脏器官等共同参与锻炼。但是健美操的种类多样，为了满足不同人群、不同目的，因此，健美操在创编的时候，原则上会有相同之处，也会有一些不同的地方。

一、健身健美操运动的创编

随着人们生活节奏的加快，工作压力的加大，不良饮食习惯的出现，导致当代人的身体越来越差。健身健美操的出现缓解了当今的局面，将提高人的健康水平作为创编的宗旨，时刻围绕健身性来设计一切动作，保证人体能够得到充分的锻炼，从而达到提高人体健康素质的目的。健身健美操属于有氧运动的一种，让人体的各个循环系统都能得到很好的锻炼，同时还能消耗人体内的脂肪，受到了广大健身爱好者的欢迎。

（一）健身健美操的创编原则

1. 有明确的目的性

明确的目的性指的是在创编健身健美操的过程中，想要达成的某种结果，在编制健美操之前，需要了解并明确健美操运动的目的是为了减肥，还是塑性，抑或是为了锻炼身体的某个部位，在面向不同目的的时候，健身健美操运动创编的要求也会不同。因此，在创编健身健美操的过程中，创编者务必要了解并遵循目的性原则，这样才能使创编的过程更有实效性和组织性。

2. 全面性

全面性原则要求在创编健身健美操的过程中，选择的内容能够锻炼人体的全身，能够使人体的关节、肌肉、韧带、内脏器官等都能得到一定程度的锻炼，各个方面的情况都能得到发展和改善。通过头颈、上肢、下肢等各个部位的动作，锻炼身体的全身。头颈动作主要包括前后屈、左右屈、环绕转动等；上肢动作主要包括肩膀、手腕、肘等部位的屈、伸、举、震、摆、绕等动作；下肢动作有髋、膝、踝、趾等部位的屈、伸、举、提等动作。这些花式各样的动作都是为了全面锻炼身体，让身体机能协调发展。另外，还可以选用走、跑、跳等动作锻炼身体各个部位。在创编的时候还要注意，保持人体左右两侧动作的对称性，使人体匀称、和谐、全面地发展。

健美操的基本动作主要由下肢动作、上肢动作和躯干动作组成，其中下肢动作包括基本步伐、下肢动作的伸展，基本步伐是健美操最为基础的组成部分；而健美操的上肢动作是根据健身器械练习、体操、艺术体操、舞蹈中的动作演变而来的，但与体操、艺术体操的基本动作存在根本不同，它包括手臂和手形。因此，本节在研究第三套《标准》1—6级成人规定动作的动作结构时，选用基本步伐、上肢动作为分析因子，同时为突出成套动作协调性的难度，选用动作方向为分析的另一个因子（如表2所示）。

表2　第三套《标准》1—6级规定动作有氧操部分动作分析

等级	基本步伐	上肢动作	动作方向
一级	分腿半蹲、并腿半蹲、踏步、一字步、V字步、漫步、十字步、侧并步、交叉步、点地、后屈腿、吸腿、弹踢腿跳	双臂前驱、前举、侧摆、屈肘摆动、上举、胸前半屈、自然摆动、交叉、肩侧屈、肩侧外展	无动作方向变化
二级	前转脚跟、一字步、字步、并步、交叉步、十字步、漫步、恰恰、侧滑步、侧点地、上步吸腿、吸腿、上步后屈腿、分并腿、并步跳、小马跳、弧形跑、开合跳	自然摆动、屈臂后摆、向侧水平摆动、臂侧举、前举、侧后下举、前平举弹动、侧上举、上举、下拉、胸前平屈、胸前交叉、胸前前推、体侧向内绕环、击掌、冲拳、叉腰	45°～90°的方向变化
三级	V字步、漫步、十字步、交叉步、侧并步、侧迈步、侧点地、恰恰、迈步后屈腿、上步吸腿、向后交换步、吸腿跳、并步跳、小马跳	自然摆动、双臂侧上举、上举、前举、侧下举、侧上举、胸前平屈、击掌、臂屈伸、肩侧屈外展、体前交叉、屈臂提拉、冲拳、内收、叉腰	90°～180°的方向变化及简单的图形和路线变化
四级	提踵、踏步、侧迈步、V字步、十字步、漫步、交叉步、吸腿、侧迈步点地、侧并步、点地、点地跳、后屈腿小跳、弹踢跳、小马跳、侧抬腿跳、侧抬腿跳、侧小并步跳	自然摆动、屈臂前后摆、侧举、平举、上举、前举、侧上举、后拉侧下举、前屈、侧屈、向下屈伸、向前屈伸、体前交叉、肩侧屈、胸前平屈、冲拳、击掌、叉腰	180°～360°的转体更多地图形和路线变化
五级	转脚跟、十字步、V字步、侧并步、交叉步、漫步、侧滑步、后屈腿、点地、恰恰、迈步后点、迈步吸腿、吸腿、弹踢、剪刀步、弓步跳、交换腿跳、踢腿跳、侧并步跳、小马跳、原地分腿跳、吸腿跳、原地垫步跳、侧点地跳、上步跳	自然摆动、外展、侧上举、侧下举、扩胸、胸前屈、胸前平屈、胸前交叉、双臂肩侧屈、前下伸臂、侧上伸臂、侧下伸臂、叉腰	360°的转体
六级	顶髋、分腿半蹲、踏步、点地、漫步、十字步、V字步、交叉步、迈步、滑步、恰恰、侧摆腿、侧跳、分腿跳、并步跳、吸腿团跳、踢腿跳、后屈腿跳、反胯跳、吸腿跳、侧踢腿跳、分腿跳、侧摆腿跳	自然摆动、屈肘前摆、屈肘后摆、屈肘、上举、侧上举、侧下举、前举、侧举、胸前平屈、侧平举后摆、握拳、胸前交叉、单手上推、双臂前下屈伸、胸前交叉扶肩、握拳肩侧外展、肩外展、向前屈臂推、平屈成弧形、平屈成圆形、手扶头后叉腰、小臂向外侧绕、胸前击掌、小臂左右摆、双臂肩侧屈、肩摆动、顶肩、臂侧上举向内大绕	360°、270°、180°、90°转体

3.有明确的针对性

针对性主要是针对不同年龄阶层、不同身体状况、男女以及发展或改善身体某一部位的需要，创编的不同形式的健美操。例如：在创编儿童健美操的时候，创编者应该根据儿童身心发展的特点，熟知儿童爱玩的天性，创编具有游戏性质的儿童健美操。游戏能够给儿童带来快乐，也能够让儿童喜欢这项运动，激发儿童学习的兴趣。因此，创编者在设计动作的时候，应该设计一些自然的、容易模仿的、适合儿童身体发展的动作，这样一来，既符合儿童的身心发展特点，又能培养儿童养成锻炼的习惯，可谓是一举两得。另外，儿童正处于身心发展的关键阶段，也是行为习惯培养的重要阶段，创编者在设计动作的时候，要注意设计一些有利于儿童正规姿势养成的动作，促进儿童身体的正常发育，增强儿童体质。

更重要的是创编者在创编之前，就应该了解练习者的情况，看看设计的具体情况符不符合练习者自身的条件。健身健美操是以锻炼身体作为宗旨，最主要的是要检查练习者自身有无重大的疾病问题，特别是不适合运动的疾病，例如：心血管方面的疾病在锻炼强度大的时候，容易诱发突发性的疾病，甚至可能造成死亡。

4.合理的动作顺序

健身健美操的运动顺序与健美操的结构是相近的，可分为准备动作，主体动作和结束动作三个部分。

第一部分是准备动作，一般先从远离心脏的部位开始，例如踏步运动、头颈运动、伸展运动等，要求动作缓慢，切勿一下就进入激烈的状态，保持心率平稳上升，为接下来的主体动作部分做准备，让身体和精神保持一个最佳状态。

第二部分是主体动作，一般先从上肢或者头颈运动开始。再进行肩膀、胸部、髋和下肢的练习，最后逐渐过渡到全身部位的运动和跳跃运动。

第三部分是结束动作，在运动的过程中，要选择一些动作幅度不大，速度缓慢的动作，主要目的是为了放松四肢，平和心率，让身体尽快恢复到正常的状态。

每套动作由若干个大节组成，且每个大节侧重发展身体的某个部位，具有针对性，也可从各个不同的角度去影响某个部位，让某个部位得到充分的锻炼。总之，创编者在设计动作的时候，应根据练习者的特点和目的来设计动作，满足练习者的练习需求，以 10 至 12 大节作为基础标准。

5. 合理的运动负荷

健身健美操从有利于增强体质的目的出发，将运动负荷控制在中等强度。有研究表明，在递增负荷运动中至次最大负荷运动的过程中，随着运动负荷强度的逐渐加大，心率也会逐渐升高，一般情况下，这一心率变化的范围是 110 次 / 分 ~ 180 次 / 分。据国内外专家学者研究一致认为，一般人体健身的适宜运动强度为最大心率（MHR）60% ~ 80%，即心率保持在120 次 / 分 ~ 160 次 / 分为适宜的健身负荷，也就是说心率低于或超出这个标准均达不到有效的锻炼效果，甚至会有相反效果的危害。因此，创编者在设计健美操的时候，要注意遵循人体运动的生理规律，心率变化遵循由慢到快，运动负荷由弱到强，波浪形稳步上升，最后逐渐恢复到平静的状态。另外，编排的动作应由易到难，速度由慢到快，逐步增强运动的负荷，上升到最高值的时候再平稳保持一段时间，然后逐步减小。

根据具体情况可分为以下三种类型。

在初级课堂上，教师主要介绍基本动作、动作和动作之间的串联，主要让学生了解并掌握健美操运动的形式，了解健美操运动对身体的好处，改善练习者的身体协调性，最终目的是提高练习者的身体健康水平。由于初学者刚刚接触健美操这一运动，对健美操动作的教学往往以简单动作、强度较低的动作为主，让练习者不至于在刚一接触健美操的时候就被健美操的难度打倒，丧失学习的兴趣。另外，这时候的音乐一般要选择145拍/分～150拍/分。

在中级课堂上，这时候的学生一般都具备了基础的理论知识，并且已经学会了健美操运动中的基本简单动作，为了引起学生的兴趣，加深学生对健美操学习的深度，就要编排学生以前没有学过或者接触过的具有挑战性和创新性的动作，如方向和转体等动作，让学生在学习的同时能够时刻保持练习健美操的热情。另外，速度可以稍微提升一下，音乐一般是145次/分～150次/分。

在高级课上，学生已经经历过了初级和中级的阶段，具备了完成复杂健美操动作的水平，因此这时候的动作设计要更加复杂，朝着竞技健美操的动作水平看齐，但是这并不代表要求练习者做竞技健美操比赛中那种高难度的动作。在创编高级课程的时候，教师要有非常丰富的经验，才能设计更好的动作来吸引学生，而不是只靠音乐的速度来提高运动强度，音乐的速度一般为150次/分～155次/分，甚至155次/分～160次/分。

6. 协调动作与音乐

健美操中的音乐是健身健美操运动的灵魂，是健美操运动的精神支柱，少了理想音乐的伴奏健美操就少了美感，是不会受到练习者欢迎的。健美操的特点和风格需要通过与音乐的协调配合来表现，因此，音乐的旋律风格要与健美操的动作节奏、风格相适应，练习者的情绪还要与音乐和动作相呼应，三种融为一体，才能够凸显出健美操运动的艺术性。愉悦的音乐不仅可以给练习者带来愉悦的精神享受，还可以缓解练习者的疲劳程度，让练习者在锻炼身体的同时，还能陶冶情操。

7. 创新性的动作

健身健美操运动的动作丰富多样，姿态万千，一套吸引人的健美操动作需要创编者不断地创新，不断地推陈出新，设计出符合时代特点的动作，这样才能保持健美操的吸引力，让健美操这一运动获得源源不断的动力。另外，健身健美操是一种"操"的形式，创编者在设计动作的时候，要以"操"作为基本准绳，将体操与舞蹈动作结合起来再创造，并且结合社会实践，取材于生活，才能设计出新颖独特的健美操动作。

（二）健身健美操成套动作的创编分析

1. 轻器械健美操成套动作的创编

（1）轻器械选用的巧妙性分析

①轻器械与人体合二为一

在轻器械健身健美操练习中，轻器械的选用一定要十分巧妙，必须与人体协调配合，这样才能做到人与轻器械"合二为一"。练习者能借助轻器械完美地展现自己的动作，凸显自己的艺术魅力。如果练习者不能很好地运用轻器械，无法与轻器械融为一体，那么轻器械就会成为阻碍练习者发挥真实水平的阻碍，可能就会出现像运动员在使用彩带作为器械时会出现彩带缠到肢体这样的失误。

因此，练习者在运用轻器械时，要根据器械自身的特点和属性，最大限度地发挥轻器械的健身功能，充分展现轻器械的独有魅力，是轻器械健美操区别于其他运动最大的特点。例如，绳子的器械特点是活泼、跳跃，如果把绳子拉直，做类似棍棒操那种有棱有角的动作就表现不出绳子的特点；有人在把球当作器械时，只是让练习者持球做上举、屈伸、转体这样的动作，就完全体现不出球的弹跳滚动、传接转移等灵巧的特点。除此以外，若要在加大挥动轻器械力量的同时，使得身体既显得柔软自然，又与轻器械和谐配合，就要让练习者在练习中培养与轻器械之间的亲密感情，提高默契度，这样便更容易充分发挥出轻器械的特点，使人体与轻器械做到和谐统一。另外，练习者在练习的过程中，应该端正练习态度，培养享受的心态，这样更容易与器械产生感情。于是，练习者在与器械产生感情的基础上，熟练地运用器械，才能够追求动作的新颖与极致。

②轻器械与音乐节奏的完美结合

音乐是健美操的灵魂，在轻器械健美操中，变化音乐的节奏可以改变成套动作的整体效果，好的音乐节奏配合熟练的器械运用，能提高整套操的艺术价值。例如，在慢节奏的音乐上，动作的编排应以慢速动作为主，若节奏加快那么动作也应随之变快，然而在强调节奏的同时却不能过分夸大其作用，选用的音乐节奏应与练习者本身的实力和风格相符，如果处理不好，只会与最初的创编理念背道相驰。同样，如果只是一味地使练习者加大在轻器械使用下的动作难度，而忽略了音乐的节奏，那肯定会影响成套动作的创新效果。由此可见，在轻器械健美操中，音乐与动作必须联系统一。

③轻器械与成套动作和谐统一

在轻器械健美操运动中，练习者如果能熟练地运用轻器械，就能够借此展现成套动作的艺术魅力和特点，让整套动作都具备很强的艺术表现形式。因此，练习者无论在平常的训练中还是比赛中，都要大胆地使用大器械，把它们融入成套的动作中，使器械具有简洁明快的造型语言，而不是只是单纯地用来当道具。例如运用器械的时候，可以充分地利用空间以及线、面，若动作是要表现一定的力度，则可以整齐划一地使用器械；若要给裁判、观众一种全新的视觉感觉，则可以错落地使用器械，并通过动作与轻器械在不同方位的组合来实现创新。

（2）成套动作的内容编排体现的艺术效果分析

①音乐的丰富性

音乐是"心灵的体操"，是健美操的灵魂。健美操与音乐的结合体现了心灵情感的碰撞美的交融，能够使这项运动充分地发挥出其特有的激情，活力以及优美的独特魅力。音乐是一门艺术，有其自身的特点、规律和表现形式。当它运用于健美操运动项目中的时候，就是成套健美操编排的一部分，音乐的质量和效果直接影响健美操的表演与比赛的成败，一首节奏感强，具有鲜明特色的音乐能让整套动作给裁判和观众留下深刻的印象，再配合上轻器械的使用，会给人带来一种全新的视觉感受，使得轻器械健身健美操的成套动作更有吸引力。

②队形变化的美学性

任何队形变化都是由不同的线构成的，例如：直线、曲线、弧线和交叉线等，这些线条又可以组成简单图形和字母图形件两种。所有这些图形都是由基本线条组合而成，然后加入方向变化和移动变化，并根据塑造形象和表现主题的需要，把它们组织、安排并放在适当的位置上使之符合美学原理和法则。队形的创编不仅不能破坏动作的完整性，同时又必须符合美学的要求。

按照队伍形状的不同，可以把健美操集体项目的成套动作的队形分为规则和不规则两种队形，规则队形是指形式简单对称的，变换时队员易于成型。规则队形包括正方形、长方形、三角形、菱形、十字形、梯形、圆形、直线形、斜线形、H 型、M 型、T 型、Z 型等。根据教师的编排意图采用不同队形来产生不同的视觉效果，如正方形会给人以平稳整齐、庄严的感觉；斜线形则给人以延长放射之感；三角形给人以前赴后继、集中力量的感觉；圆形让人有柔和、流畅的感觉等。

③空间的层次性

健美操运动场地除了长、宽，还有空间的使用，器械的使用也会随着练习者的托举与配合产生不同空间层次的变化，从而产生多变的视觉效果。轻器械健美操移动路线是五花八门的，例如竖线的移动、横线的移动、斜线的移动、圆线的移动、曲折线的移动等。不同线条形式能带给观众不一样的视觉体验，直线运动所形成的直线和斜线则表现出强劲有力的感觉；

横线则给人一种较缓和平稳的感觉；曲线运动（圆、弧形等）则能表现出圆润柔和的感觉；若要表现出跳荡的感觉，则可以用曲折线的移动。成套动作中借助空间层次变化出丰富多彩的队形图案，散、聚结合，平缓与跳荡相互交融，通过清晰流畅的队形变化，与观众产生共鸣。

特别是当轻器械在竞赛过程中对空间的使用程度越来越高，维度不断增加，可以通过队形路线进行器械的传递来改变器械的地面空间，也可以通过轻器械的抛接来改变器械的三维空间。在轻器械健美操中，轻器械之间的不同组合所构成的不同场景，是其空间艺术性的充分展现。在成套编排中，通过轻器械与身体动作的配合，不仅丰富了轻器械健美操的空间艺术感，还很好地阐释了轻器械健美操空间艺术的独特性。

（3）轻器械属性的选用技巧及使用基本要求

①轻器械属性选用的技巧

在轻器械健美操中，轻器械的选用首先要以安全性为前提，不允许使用刀、枪、剑等较锋利的，具有伤害性的轻器械；其次要选用能够轻松持握、传递或搬动的器械。根据轻器械的属性，按照质地可以分为硬器械和软器械，硬器械有棍、棒、踏板等，软器械有绸、绳子、丝巾等；按照性质可以分为常规器械与自制器械，常规器械有球、圈等，自制器械有自制拉力带、自制滚筒等；按照外形可以分为长器械和短器械，长器械可以是绳、长绸、爵士棍等，短器械则可以是球、小旗等；按照用途可以分为生活器械、舞台器械、体育器械，例如椅子、脸盆、雨伞、盘子等属于生活器械，扇子、红绸、帽子、铃鼓等属于舞蹈器械，而踏板、观铃、健身球等属于体育器械。

创编者在创编的时候，要根据成套动作的主题来合理地选用轻器械，例如，若表现的主题是欢庆性质的，则可以选择彩球、绸带等；若是健美性质的，则多以艺术体操及竞技体操的器械为主；若要使成套动作具有更高的观赏价值，可以适当地使用一些舞台道具作为器械，虽然没有直接的健身功能，但是可以烘托主题，间接地为健身服务。

②轻器械使用的基本要求

第一，轻器械传递使用的要求规定，在轻器械健美操成套动作的编排中，轻器械传递的次数不能少于 2 次，轻器械的传递包括器械间的传递、人与器械的传递。轻器械的传递不仅增加了动作的难度，而且使成套动作看起来更丰富，从而提升了艺术编排的效果，可以增强整体动作的艺术评价，极具观看价值。

第二，脱离轻器械的徒手动作的要求规定，在成套动作当中，脱离轻器械的徒手动作的编排累计不能超过 6 个 8 拍，徒手动作的编排可以加入舞蹈风格，优美动感的舞姿和创新性的时尚与艺术融合让观众和裁判焕然一新。其次徒手动作的编排还可用作托举配合并与过渡连接的使用，使成套动作看起来更流畅、丰富。

2. 徒手健美操成套动作的创编

徒手健美操顾名思义指的是健美操练习者手中没有拿器械，只依靠肢体动作，徒手进行健美操动作的展示，目的是为了减肥塑形或者是展现健美操成套动作的艺术魅力。在徒手健美操创编过程中，主要通过队形的不断变化来体现徒手健美操运动的艺术价值。

（1）队形编排的美学性

①要有流动感。队形是由点、线、面组成的，健美操队形的形成是由队员与队员之间通过一系列的位移和定点实现的，队形的流动性在一定程度上反应为过渡队形的使用，队形与队形之间没有停顿，是连贯延续地完成的。例如：在两纵排队形的基础上，后面的队员从中间向前移动，同时前面的队员转身向后，集体移动为一个圆形，再按逆时针方向走成斜线。这样的移动方式使得队形变化更加自然流畅，同时空间的使用也显得饱满均衡。

②塑造面的效果。队形的跑动路线引导着人的视觉导向，队形显示面的变化调动着观众和裁判的视觉神经，队形的编排应充分考虑观众和裁判的视觉角度和显示面的效果。队形效果是对队形图案及其与动作、利用场地的评判，好的队形效果能更充分地显示动作，塑造更美的队形画面，如动作幅度大、移动路线远的动作就要选择相对分散的队形，给人开阔的视觉效果，而造型类通常可以相对集中地完成，可以更好地吸引观众和裁判的注意力。相同的动作在不同的队形上显示的效果完全不同，编排队形要同时估计动作和场地，在现有的场地上选择最佳展示动作的队形图案。同时，队形移动的过程中也要有"型"的存在，避免队员移动路线混乱影响整体视觉效果。

（2）空间的层次性

徒手健美操队形变化并不是简单的队形罗列，前后队形合理的衔接是一种艺术效果的展示，队形的开合与点、线、面的布局把一个个新颖的操化组合和流畅地过渡连接勾勒成一条条优美的旋律，使流动着的队形推动着高潮的出现，加强了旋律的动感，令人心潮澎湃。另外，队形三维空间的运用不仅仅指地面、站立和空中这三个层次的运用，同时还包含地面到站立这一空间层次的巧妙编排，如一部分队员做站立动作，一部分队员做半蹲姿态，这在丰富队形形式的同时，也提高了视觉的艺术效果。

3.特殊场地健美操

特殊场地健美操的种类主要有水中健美操、功率自行车操、联合器械操、垫上健美操，笔者接下来将水中健美操作为特殊场地健美操的代表展开分析。

（1）难度动作的完成度增强

水的压力、浮力和阻力是水特有的能力，一般来说，人们在水中做动作要比在陆地上做动作要困难得多。有时候人们在水中做一些健美操动作的时候，又要比在陆地上做容易得多。但是在水中运动相比于在陆地上运动来说，水的柔软性可以保护人体不受损伤。比如人们在跑步的时候，如果运用的姿势不恰当，或者运动时间过长，就会导致人的膝盖出现酸疼等问题，更有甚者会造成膝盖不可逆的损伤。然而在水中完全可以避免出现这类问题，水是一种包容性的液体，它可以保护人体在练习时不受损伤，几乎为零的重力使得练习者在，做各种健美操动作时更容易，而且对关节的压力也会更小。初学健美操或是瑜伽的人们在陆地上难实现的动作一旦到了水中，在水环境的包围中，也能轻松、自然地完成动作。

（2）下肢动作为主力

由于水中健身操是在 1.2 ～ 1.4 米的水中进行运动，水中健美操的规则要求提到：练习者不允许将头部浸入水里，对练习者来说，这种规定会限制练习者的头颈部的运动，运动的幅度会受到一定程度地制约。因此，水中健美操的创编者多数是针对下肢运动进行设计，针对头颈部、胸部的动作少。下肢运动是水中健美操的运动重点，而身体的主要肌肉群又集中在腿部，创编者可以在编排的时候，结合腿的多样化动作模式提高水中健美操动作的艺术魅力，包括踢、伸展、摆、屈膝、下蹲、步行、行进走和慢跑等，这些动作要素都可以结合在一起进行创新编排。另外，臂部的运动也可根据下列模式进行编排：第一，相应或对应的动作。相应的动作：肌体同一侧的臂和腿同时做的动作。对应的动作：在肌体一侧的腿同另一侧的臂同时做相同的动作。第二，对称与不对称的动作。对称动作：双臂同时做同样的动作。不对称动作：在同一时间里一侧的臂做的动作。腿和臂的动作结合在一起就可以增强水中健美操成套动作的艺术性，注意将腿部的运动作为动作展示的主力，并辅助一定的臂部动作，让腿臂相互协作，共同发力。

二、表演健美操的创编

表演健美操是集展示性和观赏性于一体的健美操类型，它的主要目的是介绍、推广、传播及带动健美操运动的发展。表演健美操的存在，不仅丰富了广大人民群众的文化体育生活，而且提高了群众的身体素质，可谓是一件一举两得的事情。表演性体操的创编目的是为了表演，而非竞技比赛。在创编过程中，不用按照规则要求下按部就班地进行创编。对表演性体操的创编过程，要注重表演性体操的艺术特征。

（一）表演健美操的创编原则

1. 展现健美操的项目特点

表演健美操的主要特点为动作的弹动性，主要来源于练习者的膝、踝的协调屈伸，并且在做动作的时候还要有力度。除此之外，练习者在练习的过程中还要时刻保持躯干本身的挺拔、清晰的开始和结束，一个动作流畅、衔接合理，具有强烈运动感的表演健美操练习者更容易吸引观众的目光，增强表演健美操本身的观赏性，因此，创编者在创编动作的时候，要尽量保持上述的这些特性，根据需要还可以加入一些其他的动作，但是主体部分仍然是健美操的动作。

2. 凸显多样性

作为表演健美操，观赏性已经成了其主要目标。在日常生活中，人们常常会被新奇古怪、漂亮等新颖的事物所吸引。同理，在创编表演健美操的时候，为了吸引人们的注意力，创编者在创编动作的时候，可以尽可能地减少动作的重复，在风格统一的情况下，加大信息量并丰富动作，时刻给人一种新奇的感觉。如果遇到必须采用重复动作的时候，只有在需要呼应的情况下，才可以采用重复性的动作。除此之外，多样性并不仅仅局限于改变动作中，还应该包括空间、节奏、队伍方位变换、移动路线变换等。

3. 强烈的艺术性

艺术性是健美操的主要特点之一。健身健美操和竞技健美操由于目的和任务的限制，无法将艺术性作为首要凸显的特征，然而表演健美操却可以将艺术性作为本质特征，原因在于它存在的根本目的就是为了满足人们的欣赏欲，也就可以借助表演健美操的形式将健美操的艺术魅力充分地展现出来。

在创编过程中，创编者可以突出某一种风格，或者是将其他项目融入表演当中，也可以把不同风格与不同的健身器械融入一套表演健美操中。但是在创编过程中，创编者要时刻注意一定要注意音乐的协调。另外，为了更好地突出表演健美操的艺术魅力，就要将服装、灯光、舞台美术等提前考虑其中，让表演健美操在创编的过程中就可以熠熠生辉。

4. 个体差异性

我们每个人都是一个独立的个体，都有自己擅长的事情和不擅长的事情，表演健美操练习者也不例外，创编者在创编之前就应该了解练习者个人的情况，对症下药，扬长避短，将表演健美操的表现发挥到最佳。总的来说，创编者应该从以下三个方面审视练习者的个体情况：（1）身体条件；（2）专业技能；（3）表演能力（如表3所示）。

表3　练习者条件与能力的组成因素

身体条件	专业技能	表演能力
柔韧	操化动作	激情
力量	转体	吸引力
灵活与协调	跳跃	形体
性格	舞蹈	面部的表达

5. 融合性原则

（1）体育与艺术完美结合

体育与艺术的发展且不断完善，使得体育和艺术的交汇越来越频繁，体育与艺术的结合，产生了一种新的艺术形式，挖掘了新鲜的艺术价值。在体育活动中人们自由展现"自然"的自我，感受体育带来的独特魅力，也使人们通过生命本质提供了丰富的艺术源泉。事实上，艺术来源于人类的同时，这种艺术的元素也相对促进了体育的发展。而艺术与体育的交融，即使相互诠释也是相互促进，艺术以不同的视角来解读体育，还原体育，奉献自身形式引导体育，将体育运动的肢体语言通过文字、语言、意境等方式来诠释运动的美，揭示了体育运动中丰富的内涵，同时将在体育运动中获得精神层面的提炼、扩散、分享，是推动社会发展的重要体育文化因素。

表演性体操是体育与艺术结合发展的必然产物。表演性体操是一个主要以体操基本动作为内容，以艺术表演为主要形式，同时兼含了大量艺术形式，如舞蹈、戏剧等表演，运用舞台常用的灯光、背景等舞美手段，增加其绮丽多彩的艺术魅力。在表演性体操中以体育为主，以艺术为点缀，力求整场表演具有一定的欣赏性，激发表演者的学习兴趣，同时让表演者能够达到身心愉悦的锻炼效果。表演性体操是以舞蹈动作、肢体动作为主要表达，着重展现肢体语言，以完美的肢体语言表现的人们内心深层的情感世界，直击人心，使人们可视、可感表演者们呈现的艺术作品，从而从内心感受体育与艺术完美结合的美感。

（2）体育与文化结合

表演性体操是体育与文化相结合的产物，以运动项目的技术动作表达文化，文化也不断指引体育项目的发展方向，两者是相辅相成，互相促进发展的。比如，一场表演性体操的主题化蝶，整场表演都与蝴蝶相关，会引申出梁山伯与祝英台这一经典、荡气回肠爱情故事。这不仅体现一段经典故事，更是对传统文化的一种解读。

（二）表演健美操成套动作的创编分析

表演健美操是一项集体育与舞蹈于一身的操类项目，以观赏作为其存在的目的，啦啦操是表演健美操的主要方式之一，它的艺术性特征主要表现在动作和队形上的变化，接下来笔者将以啦啦操作为分析重点介绍成套动作的创编。

1. 难度动作的艺术性

啦啦操作为表演健美操，必须具备动作看点。动作看点如何制造？这就需要创编者将难度动作作为重点研究对象，提升难度动作完成的水平，给观众或裁判制造绚丽的艺术看点。同时由于啦啦操也是一种团体性的健美操，需要每个队员之间配合默契，协作完成。

难度动作是啦啦操的规则中必须完成的内容之一，难度可划分为难度类别和难度级别，难度类别可分为三类：跳步类、平衡与柔初类和转体类；难度级别由于在目前国际规则中并没有对此进行详细的划分说明，所以采用周燕教授编写的国内舞蹈啦啦操评分规则作为难度级别划分的参考。难度级别共分为 10 个级别，1 级难度最容易完成，2 级难度相对较难，以此类推，到了 10 级是最高级别的难度动作，也是最难完成的难度级别。创编者在创编成套动作之前，应该充分了解队员的专项能力和身体素质，判断其适合哪个阶段的难度，然后再进行动作编排。

由于表演健美操的特性，难度越大的成套动作，观众和裁判观看的欲望越强烈，兴趣更高，给予的评分自然也高。虽然级别低的动作对队员来说，较容易完成，但是也会暴露队员身体素质的某一方面的缺陷，观赏价值自然也会下降。然而选择难度级别高的动作，对练习者来说完成难度大，失败的风险也高，如果不能很好地完成所选择的高级别难度动作，将会影响整个啦啦操成套动作完成的规格质量，并且难度高的动作也具备一定的危险性，甚至会使队员的身体产生不可逆的损伤。但是难度级别高的动作并不是一无是处，选择难度级别高的难度可以体现出队员身体质素全面旳特点，有利于提高成套的观赏价值。如何选择有利于体现队员专项能力的高级别难度和提高队员完成高级别难度的能力是保证成套动作顺利完成的重要因素，而创编者在进行创编时根据队员的能力选择适合的难度级别是另一个重点考虑的因素之一。

2. 托举与配合动作的艺术性

托举的定义是：一人或多人借助同伴的力量将身体暂时处于高空状态，并且始终要与同伴有肢体接触。一个艺术价值高的托举动作必须具备三维空间的转换及额状轴和矢状轴的变化。同时，团队成员之间要有肢体接触或者是情感上的交流，从而完成合作。队员之间的默契程度能让整套啦啦操表演极具看点，观赏性强，是一种别具一格的表现形式。

啦啦操成套动作的默契程度，从成套编排的均衡性和观赏性的角度来看，更容易体现托举配合的程度。但是托举配合的数量并非越多越好，而是托举配合的质量越高越好，艺术价值高同时具备观赏性的托举配合应表现出巧妙、流畅和空间轴的变化，托举动作的三维空间变化巧妙，空间轴的转换灵巧，独特新颖的完成形式而且完成难度大等都充分体现了队员们的良好素质和团队协作能力。举例来说，日本队在托举配合方面体现出了队员拥有良好的个人身体能力和综合能力的特点，所以该队选用的配合与托举动作都是非常能够展现队员们的综合能力的。相反，如果队员们在托举配合方面运用得较少，而且完成形式单一，并没有展示出队伍自身的特点，自然就缺少艺术价值和观赏性。总之，队员的团队合作意识是能否完成高质量托举配合的重要因素之一，当然也不能排除队员个人能力的因素，只有这两个因素很好地结合才能展示出艺术价值高和观赏性强的托举配合难度，若队员个人能力欠缺就无法选择三维空间的多次转换和空间轴多次变化的托举表现形式，也无法完成难度较大的托举配合动作，而团队合作意识欠缺会导致在完成托举配合时的失误率有所增加，因为团队中的每个队员对发力、缓冲的节奏把握必须一致才能很好地完成编排中的托举配合动作。由此可见，托举配合应根据队伍自身的特点和队员的能力进行选择和编排，一味地追求数量而没有艺术价值的托举配合不但影响成套的整体表现效果，也会因此无谓地消耗队员的体能，使整个成套动作缺少艺术价值和观赏价值，而巧妙独特的托举配合不但能体现队伍的特点，也能节省队员的体能消耗，以便更好地表现整个成套动作，提高成套动作的艺术价值和观赏价值。

3. 动感的多元素音乐

我们在观看啦啦操表演时，会发现队员们的会随着动感活力的音乐翩翩起舞，充满活力。这些表现优异的啦啦操队员不仅在动作编排上能够震撼观众，而且在音乐素材的选择上也能给观众和裁判带来巨大的冲击力。重金属动感的多元素的音乐、第二风格跳动突出的音乐与音效完美的结合，给队员的成套动作的表演中锦上添花，还能带动队员们的冲击力与热情，体现出啦啦操成套动作创编的艺术性。

不同的队员所具备的风格特征都不同，比如性格、气质、兴趣、身材、素质以及对音乐的偏好等，都将会影响其对音乐和动作的选择。只有选择他们喜爱的音乐，队员们才能产生共鸣，主动地将动作融入音乐的节奏和情境中，以便更好地演绎、诠释音乐的内涵。如果音乐不能符合队员的喜爱偏好，该音乐便不能激发队员的编排热情和兴趣，就更谈不上如何呈现出一个具有艺术性的表演健美操的成套动作。因此，只有根据队员的个人特征来选择音乐，才能使动作融入音乐，使其和谐一致。

另一种创编方法是先根据队员们的个性化特征，再结合他们的运动特点和技术水平来确定整套动作的运动路线和难度动作。然后再根据编排的舞蹈动作特点来选择合适的音乐，这样有利于队员们发挥各自的优势。比如，体态健美的队员应该选择偏重表现力量和肌肉的动作，而身材修长、柔韧性好的队员则应选择那些舒展而又轻巧的动作等。另外，根据啦啦操动作创编的特点，应该提前考虑着重表现什么，是轻快、狂野奔放，还是重力度等，从而选择相适应的节奏音乐，这样会使音乐的旋律起伏与创编好的动作取得和谐一致的律动效果，甚至达到完美。目前，专门针对啦啦操创作的音乐还未出现。现行的方法是使用多首风格相似的原曲音乐进行编辑进而混音为一首，使音乐节奏快慢的节拍点和旋律的起伏符合动作特点，也尽可能达到音乐与动作风格、特点相融合，然后再根据需要对音乐的衔接和音效做处理，使其节奏能更好地表达动作。

在音乐的选择创编上，创编者要根据队员们的日常表现、教师的指导意见在音乐上进行修改，通过反复的训练，找出训练当中的不足，不断地调整动作和音乐，最终让音乐与动作融为一体。这是很多运动队采用的基础创编方法。这样既节省了根据动作挑选和编辑音乐的时间，又很好地避免了因根据动作选择音乐而造成节奏不符，对动作进行后期调整的麻烦。总之，一首风格节奏都十分适合啦啦操表演的音乐，不仅能够感染运动员的情绪，激发他们的创作灵感，而且这样创编出来的动作更能烘托音乐所表现的主题，使观众和裁判很容易进入某种意境并产生共鸣。完美的啦啦操创编不仅仅需要完美的动作，更需要与众不同的音乐与之结合，只有完美地融入音乐节奏和旋律的动作才能给人留下深刻的印象。

三、竞技健美操的创编

当今，竞技健美操已经成为一个独立的体育竞赛项目，并且越来越趋于成熟和国际化。作为一名竞技健美操的创编者，一套成型的动作和套路的创编优劣会直接影响运动员的比赛成绩。因此，在竞技健美操运动中，运动员的比赛成绩不能只体现运动员的真实水平，还应该体现创编者的素养。可以说，创编水平是决定比赛成绩的基础性要素。

（一）竞技健美操的创编原则

1.遵守比赛规则

在竞技比赛中，每一项运动都会明确列出比赛的规则，而竞技健美操运动也不例外，不仅每一位参赛选手都应该遵守规则，健美操的创编者也应该熟悉并遵守规则。对健美操的创编者来说。规则是衡量比赛套路和完成情况的尺子，也是衡量动作艺术完成难度的标准。比赛的规则就是创编者创编作品的指南针，为接下来的创编活动指明了前进的方向。

2.流畅的连接和过渡原则

过渡动作与连接指的是重点动作或重点段落之间的动作，连接与过渡的地方可能在空中，也可能是在地面，转换或是移动路线，在比赛中这些都是衡量一场健美操表现优劣的标准。运动路线主要采用：直线、斜线、曲线、波折线、锯齿形或者是 S 形，巧妙地运用这些运动路线，变化运动路线的方向，增强健美操运动表现的流畅性，让整体运动表现得更加饱满与飘逸。

3.具备艺术享受性

我们经常看到的竞技健美操的运动员给人们的感觉往往是朝气蓬勃、健康活力的，因为对竞技健美操而言，它的主要艺术特点就是朝气蓬勃、欢乐向上。艺术裁判指南中指出："不欣赏表现得悲伤、痛苦、烦恼或不快乐的表演，因为健美操的特点之一是活力、动力、趣味和快乐的外在表现，不得体现暴力、色情及性爱。"一个正面的、积极的形象，会给观众以及社会树立一个健康的蓬勃向上的榜样，用榜样的力量引领社会氛围朝着积极向上的方向发展。因此，创编者在创编一套动作的时候，要提前充分了解运动员的水平、表达能力、外形、身体素质等，根据他们自身的特点创编动作方案，这样才能将运动员表演的艺术性展现得淋漓尽致。

4. 竞技性

竞技健美操来源于健美操的发展，其最主要的特点就是竞技性。竞技健美操在难度动作方面、艺术和完成方面要求较高，它是通过竞赛来评判动作难度和完整性的，是以通过竞赛获取成绩的一种展现美的竞技体育活动。所以在编排竞技健美操的时候要特别注意它的竞技性，严格按照竞技健美操规则的标准去训练和编排，教练员本身也要重视竞技健美操竞技性的特点，使编排具有竞技性，提高运动员自我认知的能力，使运动员积极面对训练，保持较好的竞技状态，同时可以从一定程度上减少一些不规范的技术动作，最终使竞技健美操发挥自身竞技的特点，使其更具有观赏性。

5. 针对性

竞技健美操发展至今，它的比赛项目也在不断增加，目前竞技健美操竞赛项有男、女单人操项目、混合单人操项目、三人操和六人操项目。不同人数的竞技项目，其特点也有所不同，因此创编者在创编的时候，要充分考虑各自项目的特点进行编排，例如：单人项目需要在编排中充分展现激情和充满朝气的形象，在创编三人操和六人操时一定要考虑团队协作的能力、动作是否衔接连贯和团队默契程度等特点。另外，教练员也应该尽到指导的职责，认真观察并指导运动员的日常训练，了解并摸清每个运动员的身体素质，这样才能够对每一位运动员进行有针对性的训练指导，让每一位运动员无论在单人项目还是在集体项目中，都能够发挥自己的特长优势。同时，教练员针对男、女编排动作还需要考虑各自的身体条件，既能在比赛中展现女子的柔美，又能在比赛中展现男子的刚强等传统特质。

（二）竞技健美操成套动作的创编分析

1. 风格多变的音乐主题

在竞技健美操比赛当中，值得注意的重要一项就是健美操的音乐。一首好的健美操音乐能够瞬间调动起裁判的兴趣，激发运动员自身的激情与活力，使得动作与音乐自然而然地融为一体。如果在比赛当中，能够选择和成套动作完美结合的音乐风格，既能提升动作的感染力，还能形成听觉冲击，使观众的情绪得以带动。另外，比赛音乐需符合思想健康、与表演者年龄相符的标准，音乐内容也应该是丰富多变、节奏清晰的。

教练员和运动员要学会聆听音乐并理解音乐，在创编中建立其对音乐风格、主题的了解，了解音乐优美的旋律、震撼的音响和丰富的节奏，并应用到比赛中；教练员和运动员也要理解和分析音乐，对此次比赛选用的音乐为何要这样表达，用什么方式表达进行思考。这就需要了解音乐的结构、高潮、风格、乐思和过渡，把积累的经验应用到比赛和成套动作的创编中，达到人乐合一的境界。

2. 成套动作编排内容合理

竞技健美操的成套动作编排必须要在比赛规则的基础上进行编排，符合比赛的标准，以成套长度以及场地的需要为参照进行合理且严格的分配。

成套动作中的操化动作需均衡分布，不得连续出现多于 4 个的操化单元，不得出现多于 3 个无操化单位穿插的难度或者其他动作，并且相关动作还必须在赛场均衡分布。举例来说，4 个 8 拍的动作连续停留在一个空间完成，场地空间起评分为 1.7 分，每增加一个 8 拍，起评分依次递减为 1.5 分或者是 1.2 分。此评分方法适用于 3 个 8 拍以上的操化组合和 3 个以上的难度。

另外，比赛区域与队形的运用在整个成套的动作当中，路线需对所有短距离与方向（横向、向前、对角线、向后与弧线等）进行展现，尽可能地避免出现轨迹和路线的重复。集体项目只占用场地是无法满足评分标准对比赛使用空间所提出的要求的，运动员必须对各操化动作在各个距离与方向上的移动进行运用。因为场地的有效运用，不仅涉及对赛场中心与各角落的运用，还涉及对赛场整个空间的运用。根据比赛规则，在比赛区域内的所有空间（地面、站立、腾空）都必须充分被利用。

一个完整动作的表现体现了创编内容的合理性，场地的极大运用也体现了运动员选择动作难度的多样性，这就是成套内容与场地利用成正比关系，同时新规则也在鼓励运动员努力提高个人技术，发挥竞技水平和特点。

3. 合理选择与分配难度动作

竞技健美操分为单人和团体项目，主要是以难度动作的展示作为看点和打分评价内容，这对运动员的专项能力的要求高于健身健美操和表演健美操。竞技健美操的难度动作有很多，每一个难度动作都需要达到一定的技术水平，因为运动员存在个体差异，每个人的技术水平不一，所以在进行成套动作创编时要考虑到运动员自身素质条件的因素进行创编。

在单人项目中，如果运动员自身条件较好，可以选择技术水平高并且动作难度大的动作创编，然而对技术水平薄弱的运动员来说，给他们创编难度大不符合自身水平的动作是一件强人所难的事情。即使运动员本人付出了最大程度的努力，每天早晚刻苦训练，也不能保证其在比赛中就能够超常发挥。如果在比赛中，运动员做难度动作没有，很影响整套动作的完成效果，导致整套表演不能获得高分。另外，创编者还需重视成套当中的9个难度动作的具体分配。新周期竞赛规则不仅减少了难度个数，还缩短了成套时间，将重点置于动作的均衡性的分布上。所以，不能在某一段落对难度动作进行集中分配，特别是不能将其过度集中在成套动作的前半套当中。

在团体项目中，主要考察运动员之间的配合默契程度，运动员自身条件的水平差距大也不要紧。集体动作项目由所有队员共同完成，当需要做特别高难度的动作的时候，这一类型的动作就需要能力强的运动员来做，其他队员只是起到辅助和陪衬的作用，保持健美操队伍的队形看起来协调有序，企图博得观众和裁判的好感。

4.加强托举与动力性配合的复杂性和创新性

2017—2020年版竞技健美操规则中规定集体类项目只需要设计1个托举动作，而在有氧项目中托举动作可做可不做，没有分值的规定。意思就是说规则不对托举动作做强制性的规定，既不鼓励做，也不禁止做，做好了不加分，做不好相应会扣分。所以在创编的时候要充分考虑到成套动作的主题和音乐主题的选用，更要根据运动员自身身体素质水平的高低进行创编，在现代竞技健美操不断发展的同时，如何设计托举动作也成了比赛重点。

创新托举动作会使得成套动作的发挥有了亮点和焕然一新的感觉，托举创新一定要在符合新规则下去进行设计，可以源于许多体操类动作，创编者需要观看许多比赛录像和当今国内外设计的托举动作进行设计，突出主题，新颖又不失内涵。2017—2020年版竞赛规则当中因技巧动作的加入以及违例动作限制的放宽，使得选择托举动作的空间扩大，所以教练员和运动员首先要熟悉规则的变化，然后根据个人特点进行协商创编符合个人和成套动作主题的托举动作，不能盲目增加托举动作的难度，这样容易在比赛中出现失误和不团结协作的现象，甚至还会造成运动员出现受伤情况。

5.提高过渡与连接的艺术性和观赏性

确保竞技健美操成套动作的流畅与完整的关键在于过渡和连接，由于过渡和连接动作是为了衔接整体动作而产生的，现代竞技健美操对过渡与连接的要求没有特别严格，所以在一定程度上给予过渡与连接动作创编的发挥，发挥其创新性。但是过渡与连接不能过于复杂，这样容易影响成套动作的创编。另外，过渡与连接也要符合音乐的节奏，在音乐节拍过渡处尽量体现过渡与连接的重要性。2017—2020年版的规则中指出：过渡与连接简单的动作给分低、复杂多样的动作给分高。我们也可以从中看到竞技健美操的发展趋势，只有创新才可以引领竞技健美操的发展。所以，在创编成套动作时，需考虑到过渡和连接加入脚步与手臂的运用，并且不得太过于简单，否则相应的得分就低。同时，还要尽可能发挥创新思想，结合我国传统体操项目的优势，融会贯通，使过渡与连接有更大的发挥空间。

总之，设计一套复杂而合理的过渡连接不仅可以获得高的评判分数，而且新颖、复杂的过渡与连接动作会使竞技健美操的比赛更具有观赏性。

6. 成套动作的艺术表现力

艺术性指的是运动员将结构完整的成套动作向具有艺术性的表演作品转换的能力，队员们在完美完成相关动作的同时，还需对表现力、乐感与团队协作关系予以展示。

运动员需将体育同艺术结合起来，使其转为具有吸引力的信息，并以体育的方式向观众和裁判传递。一套独特的、令人印象深刻的成套动作包括许多细节，用于提高成套动作的质量。这些细节都时时刻刻影响着整套健美操表现的效果，而且这些细节纷繁复杂，需要队员们对其有清楚地认识，并且懂得如何来表现细节问题。影响竞技体操项目艺术表现力的元素有许多，比如：团队配合、多样化动作的完成质量、表现力、音乐的使用等。另外，在成套动作当中不得出现宗教信仰、暴力、性爱与种族歧视等内容。毕竟健美操运动是弘扬积极向上的能量的，给人一种活泼、有动力的感觉，让在座的每一位观众和裁判都能受到鼓舞和激励，对生活重新燃起希望，恢复生活的动力。

成套表演的艺术表现力是指令人印象深刻的成套动作和令人难忘的成套动作。如果没有发挥出一定的艺术表现力，则说明成套动作无辨别度，没有给人留下干净、利落的印象，即没有展示出竞技健美操比赛应有的印象。一套陈旧让人乏味的成套动作，无法引起观众和裁判的兴趣，动作设计千篇一律，没有给人一种耳目一新的感觉，这些动作自然也不容易被人记住，在台下观众看来，在台上表演的运动员就好像是一台台没有感情的机器，感情不投入，缺乏热情和体能，许多动作的存在都是可有可无的，没有什么存在编排的意义。给观众一种没有精神、注意力不集中的感觉，表演不顺畅、面部表情不自然或过分夸张面部表情、表演均不符合个人与项目特点。

在混双、三人操和六人操等集体项目中，其成套动作的表现力不同于单人项目，集体项目必须要展现出团队协作不同于个人的优势，如果未能展现表演能力，以及与其他运动员一起展示成套能力，这套集体成套动作就是不成功的。因此，增强成套动作的艺术表现力需要用体育的方式展现艺术性的成套动作，需要提高运动员之间的默契程度，把成套动作淋漓尽致地呈现给观众，表现出积极、激情的状态。另外，还要提高教练员和运动员训练时的积极态度，让他们对竞技健美操投入真感情，学会创新，用创新的编排思想、独特的动作套路，完整流畅地完成比赛，同时还要加紧日常训练，提升个人的业务水平，降低在比赛中高难度动作失误的可能性，从而提升评分。

第三节 健美操成套动作创编的方法与步骤

一、健美操创编的方法

在健美操的创编中，主要方法有以下几种：（1）整体构思法：即在大脑中对整套动作的主题、音乐、动作、长短等各方面进行构思，建立初步框架。（2）分段解析法：即将整套分解，从准备部分、基本部分再到结束部分分层断节地进行分析创编。（3）线性叠加法：简单来说就是将单个动作或组合动作不断叠加递增，最终完成整套套路。（4）递进提升法：是指在已有的动作基础上，逐渐增加难度和特色动作，从而提升动作的难度和整体技巧。（5）移植转化法：是指将其他项目中优秀的技术动作迁移、借鉴过来，进行改变创造从而获得新的技术。（6）转移变换法：在原有动作的基础上，调整变换方向位置、速度力度、节奏幅度，由此获得崭新的套路。（7）联想创意法：对不同的技术动作进行联想比较，找准相似点以完成动作的创新。（8）录像资料法：观看影像资料，积累素材，捕捉灵感。

二、健美操创编的步骤

1. 健身健美操创编的方法

人们在进行动作创编时，通常遵循着从感知、体验、模仿、起步再到创造的这样一个循序渐进的过程。按照创编的步骤有条不紊地一步步地进行，既可以提高创编的效率及质量，也有利于我们对创编进程的把握以便于下一步的修改完善。

第一步：开展创编前的准备工作

（1）明确目的和任务

当创编者要进行创编之前，首先要明确健美操动作设计的目的和任务，制订预期达成的效果目标。练习健身健美操的人大多是出于减肥、塑身、提高体能等目的，根据目的的不同，创编者在设计动作的时候会有侧重点。例如：练习者出于减肥的目的，就要将操的时间控制在 40 分钟左右，给足身体消耗脂肪的时间。

（2）了解健美操的发展动向

作为一名健美操创编者，要时刻跟随时代发展的步伐，时常关注健美操的发展动态，了解国内外健美操的发展趋势及最新的规则，为创编工作提供思路指明方向，这样才能创作出深入人心的健身健美操。

（3）确定风格特点

按照指定的目标、针对的对象确定整套动作的主题风格，它决定了最终所呈现的动作的特点与价值。

第二步：制订健美操的总体方案

（1）素材的选择与确定

作为一名创编者，要时刻保持学习的热情，经常观看他人表演，阅读有关健美操的书籍，或者是通过一些音像资料来提高自己的知识修养，丰富自己的大脑，储备一些可利用的素材。创编者还要养成记笔记的习惯，把平时积累的素材分门别类地进行整理，当有创编需求的时候，就可以随时拿出来进行再创造，确定适合目标动作的风格特点。例如：健美操中的哪些动作具有锻炼价值，针对性强又容易被接受，初步确定所采用的素材动作。随后根据动作素材的内容确定动作设计的整体框架，在框架之上进行深入的挖掘和延伸。挖掘动作素材有多种途径，可以通过文字性的描述、简图或路线来获得所需素材。同时，还可以请教专家或与同行进行学习和交流，获得所需的资料，并从中得到启示。

（2）分段组合动作，连接成套动作

根据动作的内容大致可以划分为 3 个部分，即开始部分、主体部分、结束部分。如，操化组合——地面动作——配合动作——难度动作——高潮部分的安排及整理等动作。设计动作的时候，通常以收集到的动作素材为基础，按照编排原则进行动作的创编。以四个八拍为一小节，每个组合由规定的若干个小节组合而成。编排组合时，将编排好的若干个组合分别放在开始、主体或结束部分，并以组合为单位用文字或图解的方式粗略记录动作内容和大致位置。最后把开始、主体和结束 3 个部分连接起来，组编成套。

（3）选配音乐并练习

音乐是健美操的灵魂，是凸显健美操魅力的重要法宝。创编一套成功的健美操动作，其中一个很重要的因素就是音乐。音乐与动作的适配，音乐与动作的融合，最能体现健美操的艺术魅力所在。因此，创编者在创编动作的时候，不能脱离音乐，而是要提前选定好音乐，并且配合动作进行创编，再辅之练习，检查音乐的节奏、速度与动作的适配与否，看看能不能将音乐与动作完美地融合为一体，让音乐能够达到烘托气氛、配合动作、表达情绪、凸显健美操灵魂内容的作用。

（4）修改与加工成套动作

修改与加工成套动作是定制健美操整体方案的最后一步。创编者完成前面的动作，将动作与音乐的大体方案定下来，接下来创编者所要做的就是把动作与音乐进行反复配合并练习，从整体角度去分析成套动作，看成套的路线、音乐的配合、场地的运用是否合理。另外，创编者还要仔细分析动作的角度方向、练习者需要表达的情绪、队形的变换能否将动作的美感表现出来。做完这些，离一套成型的健美操整体方案就差不多了，创编者重点要看高潮部分的动作与音乐的衔接是否恰当，配合度是否有所欠缺，修改不合理的地方，使成套动作尽善尽美。

创编者还需要让练习者对操进行检测,通过练习者的多次反复的练习,从中找出设计得不合理的地方，对整套操做一个全身性的检查。同时，创编者还需要对运动量和运动强度进行测试，看其是否达到健身的生理负荷。根据测试结果，练习者的反馈信息及创编者的观察研究，对操进行适当的修改和调整。

（5）做好动作方案记录

至此，整套动作方案已经编排完成，创编者要完成对成套动作的记录。完成了成套动作设计方案不代表方案已经全部完成，工作可以放心地搁置到一边。创编者应聘请在健美操行业有重要建树的专家指导动作，请专家对心率、氧耗、肌肉与关节的活动量等生理指标进行检测，从而评定整套操的锻炼价值。还可以请相关专家就整套操的实效性、新颖性、艺术性、娱乐性等方面进行评价。如果上述中存在不足和漏洞，还应参考创编原则和专家的意见，酌情修改动作方案，并不断改进。从而使成套动作更加合理与完善。

另外，还要做好详细的记录，最好做到图文并茂、简洁明了，并附带录像，可便于以后的研究、推广、交流等。记录成套动作的方法有：文字、简图、录像。

第四节　健美操创编的发展趋势

一、注重艺术创新性和独特性

从健美操的整体发展趋势来说，今后健美操的编排将更加注重艺术性的创新。现代奥林匹克运动的倡导者顾拜旦提出奥林匹克运动思想的三要素即"艺术、科学和运动"，在现代体育项目中各种艺术形式和内涵已表现得淋漓尽致，这种高度的融合与发展，已经模糊了体育与艺术之间的界限，同时也大大提高了各类项目的艺术性和观赏性。

在 2017 年至 2020 年的竞技健美操国际规则中，着重强调了成套动作编排的独特性、新颖性和艺术性，对动作编排提出了明确的要求：即将艺术性创新作为未来健美操发展的极其重要的部分，今后各项赛事中艺术性的评判将锁定在成套动作的编排和运动员的表现上，运动员成绩的好坏也将很大程度的取决于此。因此，未来不管是健身健美操还是竞技健美操的发展都将更加注重创新性和艺术性。

二、形式和种类日趋多元化

随着社会的发展和人们生活水平的提高，人们的需求越发分明和个性化。为了最大程度地适应和满足人们的各类需求，健美操的种类和练习形式在发展中也随之呈现出多样化的趋势，融入了街舞、芭蕾、爵士、拉丁、搏击、民族舞蹈等元素，丰富了健美操的操化动作，使其更具观赏性和趣味性。这些新兴元素和种类出现的主要原因是由于不同群体的健身者的年龄性别、身体状况、兴趣爱好、健康水平和所要达到的目的不同，或保持形体或增强体质又或是出于竞技比赛的需求。随着不同人群的不同需求的产生，健美操也逐渐在体操的基础上融入其他风格的舞种，变得更加丰富多样并符合人体的生理规律。

三、对音乐的选择和运用提出了更高的要求

音乐作为健美操创编的重要组成部分，在表达主题、明确风格，渲染气氛，把控节奏方面有着不容忽视的作用。随着健美操运动的发展，在创编时对音乐的选择和应用也提出了更高的要求，更加讲究"音乐艺术"，即如何选择和运用好旋律、节奏、音色及主题等。同时，音乐作为一种完整的艺术形式，已有独特、系统和完整的艺术规律和表现方式，至于如何将音乐与动作融合在一起，如何在音乐的衬托下使得每个动作更具生命力和艺术性都是我们需要研究的问题。只有结合音乐展现健美操的每个动作、每个造型以至于每一个表情变化，才能使两者创造出最佳的效果。

第五章 健美操运动员的素质训练

第一节 健美操运动员的培养模式

一、"三级专项"培养模式

作为非奥项目的竞技健美操运动，其并不具备类似于其他奥运项目的"业余体校—体工队—国家队"的培养模式。由于竞技健美操与某些其他运动项目具有类似的项目特征，这些项目的高水平运动员转练竞技健美操比较容易，这大大地缩短了高水平运动员的培养时间，能够在相对较短的时间内快速培养出高水平的竞技性美操运动员。在实际培养过程中，诸如体操、艺术体操、武术等其他项目转练竞技健美操的运动员有很多取得了不俗的运动成绩。也正因如此，逐渐形成了由相关项目高水平运动员转向竞技健美操，从而成为优秀竞技健美操运动员的特色培养模式。

我们将"其他项目业余体校—其他项目体工队—竞技健美操训练队"或者"其他项目专业化训练—竞技健美操专业化训练"的转项运动员培养模式称之为"三级转项"运动员培养模式。

"三级转项"运动员培养模式虽然能够缩短优秀竞技健美操运动员的培养年限，减少了运动员在培养过程中的投入，节省了大量的时间、人力、物力、财力，并培养出一批能够取得优异运动成绩的竞技健美操运动员，为国家竞技健美操水平的迅速提高，在最短时间内取得了突破的成绩做出了很大贡献。但此模式也有一定的弊端，由于不同项目的构成要素不同，竞技健美操涉及音乐、操化动作、难度动作、艺术表现力等，虽然体操、武术等转项运动员在难度动作上占有优势，但由于训练基础的差异性，并不一定能够完成完美的成套动作，如对音乐的理解力和运动中的艺术表现力与传统健美操运动员也有着较大的差距。另外，竞技健美操操化动作的多样性、复杂性、不对称性，也是对转项运动员的挑战，只有将两个项目的构成元素充分理解并加以结合，才能成功转项，成为一名优秀的竞技健美操运动员。

二、"体教结合"培养模式

"体教结合"是注重以人为本的培养模式，在传统的"三级培养"模式中一直存在较为严重的学习与训练冲突问题，既要强调运动员的学习情况，又要为了竞技水平和比赛成绩注重运动员的训练情况，"体教结合"尽量缓解在"三级模式"中出现的学训矛盾，整合学校资源和体育资源，从运动员自身出发，为其提供更多的出路，这样的培养模式有利于更多人参与到竞技健美操训练中去，为竞技健美操运动员的培养、输送提供了一个可持续发展的途径，这是我国竞技健美操运动员培养中的主体模式。

三、运动员的选材情况

选材问题是竞技健美操训练应当第一个想到的问题，这关系到能否在众多的人员中找到符合条件的健美操人才，也关系到能否在最短的时间内培育出优秀的健美操运动员，对我们提高全国的健美操竞赛水准，具有重要的决定性意义。选材问题对以健身和观赏为目的的业余爱好者来说影响不大，主要在于广大爱好者能否主动地参与健美操这项体育活动，达到强身健体、陶冶情操的目的。

（一）选材的意义

随着人们对身体的重视程度逐渐提高，体育竞赛类项目的逐渐增多，引发了现代健美操运动呈现飞速发展的态势。作为一名健美操运动员，最主要的是将健美操的"健""力""美"表现出来，主要通过借助运动员的身材、身体素质和极佳的表演能力来体现。运动员必须要具备良好的身体素质和良好的身材，以及人文素养，才能发展健美操运动的动作难度，提高健美操运动的动作质量，从而取得优秀的成绩。

总之，进行科学选材是选拔优秀运动员的必备方式，选拔出具有从事健美操运动天赋的运动员，加之科学系统的训练，才能培养出优秀的健美操运动员。在一定程度上可以说，选材的好坏能够直接影响训练的效果和比赛成绩的优良。

（二）选材的依据

首先，从我国的实际情况出发，并结合任务的需要，确定了选材的具体条件和方法。总的来说主要分为三种选材方式。

1.初级选材：在小学低年级普及体操和健美操活动的基础上，发现人才，选拔具有天赋的健美操苗子。随后为普及健美操运动及竞技健美操运动打下基础。

2.中级选材：在有一定训练基础的体操和健美操运动员中选出更有才能的，有发展前途的优秀运动员，进行更高层次的专项训练，代表各单位参加各项比赛。

3.高级选材：从优秀运动员中选拔出成绩优秀，身材、素质俱佳的最出色的运动员，进行专业性的培训，参加全国甚至是全世界的重大赛事。

其次，根据健美操项目的特点、发展趋势和影响运动成绩的若干条件因素，确定选材中所需要的身材、身体素质及心理状况等条件。

最后，通过对国内外优秀运动员的分析，确定一名优秀健美操运动员能够达到的最佳状态，确定这名运动员能够实现终极目标所采用的训练模式，总结其各个阶段的变化特点。根据这些来制订出选材的年龄、素质、心理条件等。

（三）选材内容与方式

竞技健美操运动员的选材内容涉及广泛，其中运动员的身体素质、心理生理特点、身体形态、表现力等都是选材主要考查的指标。

1. 身体素质

身体素质主要包含柔韧素质、速度力量素质、协调与灵敏素质等，可以通过一些测试方法来分析运动员各个素质的情况。

（1）柔韧素质

柔韧素质是健美操运动员的主要素质之一。运动员的肩、胸、髋、腿的柔韧性关系到动作幅度、动作质量、舞姿造型的优美和表现力，是运动员必备的素质之一，在日常的训练中也更重视锻炼运动员的柔韧素质。柔韧素质主要表现在关节活动性的幅度上。一般来说，关节的活动性一般在训练后的一年半到两年内提高最快，随后发展相对稳定。但是在稳定期，运动员仍旧需要锻炼培养他们的柔韧素质，这样才能够保持关节活动性保持最大的灵活性。另外，由于各关节的形态结构不同，发展各个环节的灵活性所采取的方案也会有所不同。其中腰部、脊椎、髋关节、腿部比较容易提高，但是肩部相对比较困难。

下面是有关关节柔韧素质的测评方法，主要分为肩部、胸腰、腿部。

肩关节。针对肩关节的测评方法主要分为三种。首先，直立。两臂伸直上举两手相握。测试者一手握住运动员的双手，另一手按其后背并向后拉。注意要尽最大的幅度往后拉，才能测试出运动员肩部的柔韧水平。其次，背对墙直立。头部、背部、臀部、脚后跟要紧贴墙根站好，两臂伸直向上举，各部分不得离开墙。这时候观察运动员的两臂与墙的夹角越小，就说明运动员的柔韧性越好。最后，持棍转肩。两手握棍，直臂向后转肩再还原。以两手握棍距窄于肩宽的表现，说明该运动员的柔韧素质高。

胸腰。测试运动员胸腰柔韧程度的时候，需要有一个人辅助完成该操作。

这个人要扶持测试人员做下腰动作，做到肩开、胸挺、腿直。

腿关节。针对腿部关节柔韧性的测评主要分为三种方法：首先，纵向前后劈叉，以前后伸直与地面保持平行，呈现180°为最佳。其次，横向左右劈叉，左右腿伸直成一直线，并与地面保持平行，臀部和地面之间的距离越近越好。最后，并腿做体前屈。测试脊柱、胯、膝关节的柔韧性。注意上体全部要与腿紧贴，膝关节完全伸直为最佳。

（2）速度力量素质

速度力量素质分为速度和力量两个部分。在许多快速完成的动作当中，人们经常说到动作力度，在这里动作力度指的是速度力量，是一种在加速运动中紧急制动的一种能力。速度力量素质最为典型的一种表现就是弹跳力，男女由于身体结构方面的差异，速度力量素质的提升年龄也会有所区别。一般来说，男子到了17、18岁提升较快，而女子则是在12岁之前提升较快。

下面是有关速度力量素质测定的方法，主要分为三种。

第一，立式起跑20～30米。男子三秒五、女子三秒六以内为最佳。

第二，立定跳远。男子180厘米、女子170厘米以上为最佳。

第三，立卧撑。测试半分钟，以在规定时间内做的次数最多者为最佳。

（3）协调与灵敏素质

协调与灵敏素质是指大脑和身体各个部位的敏捷程度以及各个肌体之间的有机配合。协调与灵敏素质的测定方法通常是由训练员带着运动员做一些四肢和头的动作，要求做一些在不同时间、不同方式但是又相互配合的动作，以此来查看运动员的协调与灵敏素质。注意所做的动作一定是运动员平时不太习惯做或者是要求协调性较高的动作。

2. 心理生理特点

运动员的心理生理特点包含运动员的中枢神经、肌肉、内脏器官的机能状况、器官系统的功能，神经类型与个性特点等。这些特点不仅表现在平时，更多地表现在训练和比赛当中。因此，在挑选运动员的时候，要多对运动员过去的训练和生活有充足的了解，准确把握运动员的个人基本情况。其次，要注意运动员的意志品质。健美操运动员的日常生活中充斥着辛苦的训练，十分磨炼人的意志力。由于健美操水平的提高还需要运动员本人夜以继日的加紧训练才能够提升，这就需要运动员有着克服困难的坚强品质以及认真刻苦的持久力。不仅如此，运动员还需要有良好的个人道德，能够正确对待自己，虚心听取他人的建议，改正自己的缺点，做到胜不骄败不馁。另外，教练在进行选材的时候，还要了解对象的身体机能状况，其中包含发育和健康水平、心血管系统的功能，以及最大承受的运动量等。

3. 身体形态

从事健美操的运动员首先对他们的第一项要求就是体态好，这样做出来的动作才更加轻盈，有感染力，能够轻而易举地做出更高难度的动作，从而吸引观众的眼球，赢得裁判打出的高分。

下面介绍有关男女健美操运动员的身体形态特点。

（1）男子身体形态特点

身高适中，大约在175厘米左右，肢体匀称，皮脂较薄，四肢修长，上肢维度突出，呈现倒三角的形态特点。

（2）女子身体形态特点

女子的身体形态特点大体与男子身体形态相同，身高要求在164厘米左右，身体形态呈现正三角形。

总地来说，男女健美操运动员的这些特征与健美操运动员专项特点相符。原因在于健美操是"健"与"美"的结合，融体操、音乐、舞蹈三者于一体，不仅能锻炼身体，还能展现美的魅力。展现美就需要运动员拥有良好的身形体态，身材适中，肢体匀称，不仅使得运动员能更容易地将动作做得标准，还能够给人一种健康的感觉。

4. 表现力

健美操和其他体操项目一样，都是通过运动员完成成套动作来评分的。按照健美操的评分规则，我们会发现健美操项目对运动员的表现能力要求较高，能够借助动作将自己所要表达的主题和内在的情感，在动作表演中得到恰当的抒发。具备良好表现力的运动员更容易得到裁判的青睐，也更容易赢得观众的掌声与欢呼，从而引起他人对这项运动的兴趣，进而参与其中。

无论在健美操的日常训练中，还是在健美操比赛中，运动员都应做好表情的管理，要让人感觉这种情感是发自内心的，切勿勉强或者夸张。另外，一名优秀的健美操运动员还应该要有自己独特的风格特点，这样才能立马吸引观众和裁判的目光，进而感染裁判和观众，在比赛中获得胜利。

总而言之，当前健美操运动训练更趋于科学化，统一化，运动员在达到了较高运动水平之后想要进一步提升运动成绩已经越来越难，要创造更加优异的运动成绩，科学选材是必要的开端。科学选材工作是指在对运动项目有足够的了解的基础上，运用先进的科学方法，相对准确地从对该项目的兴趣爱好者中挑选出那些在先天的身体条件和后天的运动训练方面都较适合从事此项目的运动员。在此选材过程中，需要综合多方面的因素，诸如遗传、形体、生理、统计、训练等各领域，这是多学科、多层次、多指标的综合性、整体性的选材。

根据健美操项目的运动特点，可以得出，竞技健美操的科学选材要从运动员的兴趣、体型、表现力、四肢、跟腱、肩宽、臀、足、踝等多方面的身体形态进行综合评价。

（四）选材的制约因素

1. 教练员知识储备不足

既然绝大多数竞技健美操教练员都认为科学选材是很重要的，但是在实际操作中，为什么多数教练员没有做到科学化选材呢？针对这种情况，特设计问题对教练员做了调查（如表4所示）。

表4　制约教练员科学化选材的因素

制约因素	人数（个）	占比（%）
学校训练环境	6	15.0
生源匮乏	21	52.5
教练员知识储备不足	10	25.0
其他因素	3	7.5

由上表可知，生源匮乏，没有足够的学生可供选择是不能进行科学化选材的主要原因，除此之外，教练员的选材知识不足也是一个重要原因，虽然教练员能够认识到选材的重要性，但是不清楚到底应该如何针对竞技健美操的项目特点进行选材。

2. 领导不重视

一个运动队训练工作的好坏，在很大程度上取决于领导对训练工作的认识程度和重视程度，主管领导能否深入运动队，了解并检查体育教学训练、课外训练以及训练工作中的情况并及时予以解决，能否调动和发挥有关部门参与并重视训练工作。能否经常听取教师、教练员的建议和意见，是否采取有效措施帮助他们解决实际问题。对体育工作所需的物质和经费能否予以必要的保证，能否及时组织维修体育设施和购置必要的训练器材设备，改善训练条件，做好后勤保证。后勤工作对运动的训练有很大的影响，行政领导如果予以特别关注，加强监督，使食堂、场地器材、服装、交通卫生等各项后勤工作，便能更好地为运动训练服务。

（五）注意事项

在注重自身条件的前提下，不可忽视思想作风；体质与体型，以体质好为主；神经类型与身体素质，以神经类型为主；各种素质之间，侧重选择较强的爆发力和灵敏度；意志品质与其他素质要素相比，以勇敢顽强、不怕困难为主。

注意选材的可靠性、综合性和发展性，选材的数据要真实，既要综合分析，又要全面分析，还要重点分析。避免方法固定，思想保守。选材方法一定要随着时代的发展变化而变化，不可一直套用原来的方法，不能用相同的模式选拔健美操运动员。

第二节 健美操运动员的体能训练

一、健美操运动员的体能训练分析

"体能"这个词最早是出现在《体育词典》（1984年版），《现代汉语新词典》中也记录这个词条，这两版词典对其做出了相同的释义，认为体能涵盖了人的身体素质和活动能力两个方面，细化包括柔韧度高低、力气大小、速度快慢以及走、蹦、爬等方面。总地来说就是人体的各个组成部分的能力在具体活动中的展现。

本文节中"体能"的概念是取自《运动训练学》这本书。它的狭义定义是仅指运动员的运动素质，广义方面则还包括了运动员的整体仪态和身体各方面的机能。运动素质、身体形态和身体机能三者间是紧密相连的关系，它们共同构成了体能这个整体。三者之间既相互联系，又互相制约，任意一个部分的变化都会对体能产生反应。

笔者认为体能训练与身体训练的目的不同。身体训练是基础的为增强身体素质、达到强身健体的目的所进行的，它的训练强度较低。而体能训练则是以最大限度地激发人的潜能为目的，训练强度大，对身体的负荷也很巨大。这种体能训练不仅能最大限度地开发人的潜力，还有助于培养运动员坚韧的性格。笔者通过查阅相关文献与书籍并通过专家访谈后，对内容进行整理，了解到优秀竞技健美操运动员体能训练的内容主要包括动作速度、核心力量、运动耐力、柔韧和协调能力这5个方面。

1. 动作速度

动作速度是衡量健美操运动员竞技水平的重要标志。是运动员在完成动作的过程中，肌肉快速用力以及动作变化的速度和动作熟练程度的外在表现。它是运动员长期从事健美操运动而形成的一种特殊的专门化运动知觉。通过动作速度给观众和评委带来视觉上的力度感，对身体各部位肌肉的用力大小、用力顺序的准确体会和控制，由肌肉运动觉、视觉、听觉、触觉、平衡觉等一系列感觉所组成，它是保证运动技术质量的关键内容之一。在这个知觉结构中，其主要作用的感受器分布于机体深处，专门接受肌肉、肌腱和关节内部或其内部感受器的刺激。从而给人带来力度感，力度感能给运动员提供操化动作进行的顺序、幅度、频率、节奏等信息，是健美操运动员的特殊能力之一。

健美操要求动作刚劲有力、积极快速、力度感强，无论上肢、下肢还是躯干动作，都有明显的"加速"和"制动"，以充分表现速度与力度。因此，动作速度也是体现体能水平的重要标志。

2. 核心力量

运动员自身的力量素质是完成其他动作的前提，没有充足的力量做基础，一切动作的完成都是不可能实现的。在现代体育高度发展的今天，为了能够完成更好更高难度的动作，健美操运动员既要提升核心力量，又要对身体的每个部分进行力量加强训练。特别是常用动作中涉及的身体部位，如手腕、腰腹等。但在进行核心力量训练时，注意把握以下几个特点，以便选出最为适当的力量动作。

（1）规范性：由于健美操的评分项十分细致，因此在日常训练中我们必须对每一个动作都精益求精，力求规范性。

（2）均衡性：对力量的训练要让专项部位训练与整体训练进度相一致，保持均衡性，夯实基础。

（3）多样性：要选择尽可能多的动作进行训练。这样既可以增添训练过程的趣味性和新鲜感，也可以让身体的不同部位接受力量训练，无形中增强了整体力量素质。

（4）全面性：健美操运动员不仅要能完成各项力量训练动作，还应能把这些动作连贯起来，从整体进行把握。

核心力量训练对健美操运动员的职业生涯来说，具有非凡的意义，是运动员体能训练中的核心。其意义主要表现在以下三个方面。

第一，核心力量训练时对运动链理论的体现。核心力量存在于所有运动项目中，所有体育动作都是以中心肌群为核心的运动链，强有力的核心肌群对运动中的身体姿势、运动技能和专项技术动作起着稳定和支持作用。人体是一条由完整的、相互统一的环节组成的运动链，运动时各环节按照合理的顺序发力，将力量传递至末端环节，完成动作表达。核心部位作为传递力量的媒介，将来自地面的反作用力有效地传递至上肢，对上肢或所持器械达到最大的加速或减速作用，也可以将上肢力量传递给下肢，调整下肢肌群对地面的作用力，从而提高上下肢或技术动作之间的协调工作效率。通过核心力量训练提高核心部位的稳定性，有效地控制和调节力量传递的方向。由此可见，核心力量训练是将运动链理论实践化的一种体现。

第二，核心力量训练是传统腰腹训练优化的体现。力量训练方法统计结果表明，以上的方法手段是肌肉完成向心收缩训练，其原因是对专项状态下肌肉发力特点的认识水平较低，对现代运动训练手段认识不足。多数项目及地区的核心力量训练仅仅重视"大肌群、大负荷、大幅度"，缺乏针对性和全面性。自核心力量训练理论问世以来，受到广泛的认可和重视，从刚开始的医疗康复领域延伸到竞技体育训练。核心稳定训练作为核心力量训练手段之一，是人体处于不稳定的三维空间中进行训练，促进运动员在不稳定的状态下控制身体，激活深层的小肌肉与大肌肉协同发力，进而调节身体的平衡稳定能力，弥补了传统腰腹力量训练旳不足。当然，核心力量训练只是提高身体稳定性和协调能力的练习形式，在实践运用时应注意和专项训练紧密结合，根据运动训练竞技需要等训练原则有目的地选用。

第三。核心力量训练是预防损伤的有效方法。预防运动损伤是竞技体育不变的主题。稳定的核心肌群为人体适应不同形式的运动环境提供了一个"防护区"，使得身体能承担更多的运动负荷，减少肢体因负荷产生损伤的概率，而稳定的核心肌群是以核心力量训练作为物质保障。举例来说，通过对以往健美操运动员易受伤部位的调查统计，可知腕部是很容易受伤的部位。这是因为健美操运动中很多高难度动作都是要求参与者单手或双手触地或对碰。因此我们在日常训练中必须重视对腕部力量的训练，尽量减少不必要的身体伤害。

总之，竞技水平的高低不是某一个运动素质决定的，而是运动员的综合素质的体现，包括体能、技能、战术能力、运动智能和心理智能。根据木桶原理，全面发展运动员的综合素质，核心力量训练只是诸多体能训练的基础环节之一，并不能代替专项或其他训练，但是其训练的重要意义是不容忽视的。核心力量训练在健美操运动中是处于基础地位，我们必须加以重视，另外，由于它自身又可细化成很多小的部分，因此我们必须建立起全面系统的力量训练体系，这样才符合健美操未来的发展趋势，才能取得更好的赛场成绩。

3. 运动耐力

耐力,我们一般是指能够长时间进行某种高强度行为的能力。机能能力、高效使用机能潜力的能力与运动员自身的精神力这三个方面是决定健美操运动员耐力水平的重要元素。因为健美操的比赛时间一般为 1 分 40 秒 ±5 秒，健美操运动员一直在进行高强度和高难度的动作，这会使得他的心脏跳动速度远高于进行一般动作的人。因此绝大多数健美操教练都不认为他从事的是有氧运动。

通过生理学的一些知识我们可以知道，当一个人做无氧运动超过 8 秒以后，体内的能量主要是由糖原和葡萄糖转化而来的，它在转化的过程中会产生乳酸，乳酸积累到一定的量就会觉得肌肉酸痛，做一些动作就会变得力不从心，同时也是很多健美操运动员在比赛后期在动作上频频犯错的重要原因。因此为了取得良好的成绩，健美操运动员必须在日常训练中进行耐力训练。当你的身体适应了一定的运动强度后，即使以后仍然会产生倦怠感，但你的抵御能力提升了很多，忍受力也增强了。

同时竞技健美操作为一种无氧运动又与其他的无氧运动如百米短跑有明显的差异。因为它不是由一个单一的动作组成，它包含了多个变化多样的动作，因此在进行无氧运动训练的同时也要重视有氧运动的训练。有氧运动与无氧运动之间也不是互相对立的关系，它们相互联系。为了能让运动员长时间地维持良好的体力，同时能迅速摆脱疲劳感，增强运动承载力，他必须将两种运动结合起来进行训练。

没有哪一项运动是只具有一种供能模式的，只是哪种模式占的比例大小的问题。想要成为一名优秀的竞技健美操运动员，在日常训练中要注意无氧运动与有氧运动之间的配合，不能因为竞技健美操运动是个无氧运动，就忽视了对有氧运动的训练。只有当我们使用有氧运动和无氧运动相结合的训练时，肌肉的摄氧能力和防倦怠感才能得以提升。

4. 柔韧性

健美操运动的发展带来的是表现动作越来越复杂、完成难度越来越高，很多动作要求运动员具有很好的柔韧性。从生理学的角度来看，判断一个人柔韧性的好坏主要是通过三个方面：（1）关节的骨结构；（2）关节周围组织体积的大小；（3）髋关节的韧带、肌腱、皮肤与肌肉的延展性等。其中髋关节的韧带、肌腱、皮肤与肌肉的延展性对提升柔韧性有关键作用。可以通过增强肌肉活动的协调性、扩大关节活动范围等方式来提高身体的柔韧性。一般竞技健美操的配乐都是比较激昂的，为了跟上音乐节奏，通常都要增添很多高难度的动作，而往往这些动作不仅对柔韧性的要求比较高，肌肉弹性的好坏也是十分重要的。所以我们要把肌肉放松视为用来增强身体柔韧性的主要方法。

运动员在进行柔韧训练时要重视三个结合：主动与被动的结合、动力练习和静态练习的结合、柔韧性与协调性的结合。下面让我们分别进行阐述。

（1）主动与被动相结合：我们完成一个动作可以是主动进行的，即主观意识下自愿进行的，如自己进行的劈叉动作。但有些动作是在有外力的干涉下完成的，如当自身柔韧性不够时，别人帮你进行的压腿动作。在具体的训练实践过程中，我们要善于把这两种形式结合起来，这样才能达到最好的效果。

（2）动力练习与静力练习：人的动作可以分为动力和静力两种，身体部位在空间移动的过程中会使得相应的肌肉轮流产生松与紧的两种状态的动作，就属于动力练习，如摆腿、原地高低跳等。而静力练习则是指通过某一项动作使得它周围的肌肉一直处于紧绷状态，如压腿。静力动作的练习虽然能够增强身体的柔韧性，但如果不配合动力动作进行练习，会使得动作缺乏力度，显得没有力量。而若只重视动力动作练习，则会显得整体动作十分僵硬。所以我们要把这两者结合起来进行练习。

（3）柔韧性与协调性的结合：为了使得我们的健美操动作更加优美好看，把柔韧性练习与协调性相结合会有意想不到的效果。

5. 协调能力

协调能力体现在健美操运动的很多方面，身体各个部分的协调、运动员表现力与自身情绪之间的协调、肌肉紧松之间的协调、动作与音乐的协调等。刚柔并济是健美操的一个显著特征，因此这也体现出了协调的重要性。

协调能力主要表现在完成动作时的全身各部位的有机配合：肌肉紧张与放松的协调；情绪与表现力的协调；韵律与节奏感的协调等。健美操运动的特点之一是运动员的动作刚与柔的统一，它不仅表现在动作速度方面，而且还应具有鲜明的节奏。因此，在进行协调性训练的同时也要十分注意运动员的肌肉收缩的强度与速度，即对力度提出较高的要求。

二、健美操运动员体能训练相关影响因素

竞技健美操的难度动作训练是一个系统的过程，受诸多因素的影响，归纳起来，有以下几点：运动员的基本身体素质、教练员的专业素质、运动员心理因素的影响、场地器材的影响、训练时间以及周期的安排、队员之间的相互影响、保护与帮助的情况、训练疲劳及运动损伤的影响、系统训练的影响、教练员的管理协调能力。

1. 运动员的基本身体素质

运动员的各项基本身体素质都可以通过科学的训练方法得以提高，但是这种提高是以先天的遗传因素为基础的。也就是说，要提升运动员的各项基本身体素质除了要科学合理地安排训练之外还要考虑如何选材。

根据我国健美操运动员的发展现状来看，有良好基本身体素质基础的等级运动员数量较少。就拿高校的健美操队伍举例来说，笔者调查了19所高校竞技健美操队的队伍，发现了这样一种现象。这19所高校一共有健美操运动员185名，平均每支队伍不到10人，这其中有健将级运动员1名、一级运动员1名、二级运动员17名、三级运动员4名，而无等级的运动员则高达161名，占总人数的87%。这说明在高校健美操这个群体中，具备高水准的运动员数量十分紧俏。

2000年国家推出了竞技健美操等级规定动作，学生可以通过参加各种级别的通级比赛，取得相应的运动员等级证书，从而吸引了越来越多的中学生参与到竞技健美操的运动中。值得一提的是，中考、高考的加分政策也为健美操项目的发展注入了动力，吸引着来自中小学的各路人才加入健美操运动的队伍当中，带领着健美操运动朝着蓬勃的方向发展。有了来自社会各界的支持和人才的纷纷加入，就为运动员的选材提供了肥沃的土壤，

选择的余地也就更大，但这依旧缓解不了竞技健美操等级队员缺乏的尴尬现状。出现这种情况的原因在于健美操运动员的准入门槛高，而且名额稀少，要改善这一现状就需要有关部门放宽政策，才能让更多的健美操运动员走到队伍当中，获得更专业的教育机会。另外，体育部门还应积极制定奖励政策，吸引更多的具备高水平等级的运动员走到队伍当中，带领其他队员实现技术水平上的优化。

另一方面，普通运动员在基本身体素质上表现出较大的缺陷。拿上述所举示例来说，161 名无等级的竞技健美操队员都是从在校的普通大学生中挑选出来的。从 19 所大学所有在校大学生中选出的这 161 人，可谓是千里挑一。在如此低的筛选比例之下仍然没有选出高素质的运动员，只能说明我们在甄选中存在失误。要改善这一状况，就必须转变甄选方案，根据实际情况调整策略。例如：通过观察运动员的日常训练等方式，筛选出身体素质优异的运动员，再通过举办一系列的活动，如组织校内比赛，扩大优秀健美操运动员的选拔范围。总而言之，在甄选健美操运动员的时候，优越的身体素质是成为健美操运动员的必备条件，各个环节要严格筛选，层层递进，严格把关。

2. 教练员的专业素质

如果说运动员是训练队的主体，那么教练员就是训练队的核心。教练员的专业素质在一定程度上能够影响运动员对专项技术的理解，从而影响整体的训练效果。教练员的专业素质主要包括自身的专项素质与实际的执教能力两个方面。根据调查显示，有接近一半的教练是由他项运动项目转变而来，自己没有竞技健美操的专项训练经历，在对健美操专项技能的理解上难免会出现一定的偏差。另外，在难度动作训练中，教练员的亲自示范有利于运动员对动作表象的直观认识，有利于规范难度动作的完成标准，有利于加快难度动作的学习进程，但是只有四分之一的教练员在难度训练中会经常甚至是每次训练都做示范，而教练员的亲自示范对我国健美操运动员专业水平的提升具有重大意义。因此，要提高健美操难度动作的整体水平，我们需要聘请专项技术较强的，有竞技健美操运动员经历的高水平教练员。

3. 队员之间的相互影响

训练队是人与人组成的集体，在实际的训练过程中，队员与队员之间不可避免地要接触、交流、相互影响、共同成长。优秀队员在整个队伍当中具有表率作用，我们都喜欢模仿优秀的人，将榜样视为自己前进的方向，使得自己努力成为别人的新榜样。在训练队中，优秀队员在团队中的影响力绝大，是一种带头表率的力量，这种力量作用体现在自身难度动作高规格的完成、积极主动的练习热情以及热心帮助其他队员完成训练计划等方面。

在一个团体中，既然有先进生的存在，自然也会有后进生的存在。后进生在训练队中的表现与优秀队员在一个团队中的作用正好相反。后进生动作的完成质量差、练习的自觉性不高，存在态度不认真等问题，容易影响其他队员的思想行为，导致整个训练队的训练风气或者氛围。在这样一种环境下，想要队员们能够在比赛中获得优异成绩，实在是难上加难。

4. 教练员的管理和协调能力

教练员是训练队的核心，教练员的管理、协调能力也就是对整个训练队所有要素的把握与控制的能力。

在管理方面，作为教练员要重视训练队的管理。

第一，关心爱护队员，了解队员的需求。人的行为是由一定动机引起的，动机是推动行为的原动力，而动机又是在人的需要的基础上产生的，需要是人的行为动力之源泉，是人的行为积极性的心理基础，人总是出于某种需要去行动，以实现需要的目标。因此，作为教练要关心和了解队员的需要，并根据不同情况，采取不同措施，合理地予以满足，以调动队员的积极性。

第二，活用激励机制，激发队员的进取精神。激励的实质和作用就是强化人的动机，改进人的行为，使之朝着既定目标的方向发展。给队员制订合适的目标，可诱发队员的动机。在实现目标的过程中，适时的给予表扬、鼓励，这些都是对队员的一种肯定，激励他们更加奋发上进。在实际的应用中，要活用物质奖励和精神奖励这两种激励方式，切实满足队员的愿望和需要，这样能更好地发挥激励的效果。

第三，制订队纪队规，培养良好队风。没有规矩，不成方圆，队纪队规的制订是搞好训练队管理的重要措施之一。队纪队规应根据训练队的实际情况以及客观需要，由全体成员讨论制订，并共同执行。教练员要以身作则，模范执行，并且对队员执行队纪队规后的管理要一视同仁。队风是全体成员在认识一致的基础上，长期共同努力逐渐形成并表现出来的行为作风。队风是无形的，但它在训练、比赛、生活中都具体生动地体现出来。团结协作、奋力拼搏的良好队风会使全体队员形成一股强大的凝聚力。

第四，培养队员坚毅的品质、拼搏的精神。在紧张激烈的运动竞赛中，运动员不仅需要具备良好的专项技术，同时也需要有坚强的意志品质。教练员应特别注意，对良好意志品质的培养必须贯彻整个训练过程的始终，只有日积月累沉淀下来的坚毅品质才能在激烈的比赛中转化为顽强的拼搏动力。

第五，在协调方面，教练员通常会在队内设置队长或类似的职位来协助教练完成训练计划以及协调队员与教练之间的关系。根据实践情况表明，超过百分之八十的训练队都在采用队长制度，队长在团队中起到上传下达的作用，既能向队员传达教练员等上级领导的想法，还能将队员们的意见建议及时传达给教练员等上级领导，其最终目的都是为了让队员完成训练计划，紧跟未来健美操竞赛的发展趋势，让训练的结果和效率更高，使得团队的战绩越来越好。特别注意的是，队长人选并不一定是队里技术能力最强的队员，而是要充分考虑到责任心及人际关系处理能力等因素。

5. 保护与帮助

根据调查显示，绝大多数的教练员都会在初次进行某难度训练或者进行高难度动作的训练时会寻求保护与帮助。在竞技健美操难度动作训练中，教练员及时、有效地运用保护与帮助有利于减轻队员的心理负担，克服心理障碍，使运动员消除顾虑，增强练习信心，从而用一种积极的态度去进行练习，完成训练任务；有利于运动员尽快建立正确的动作概念，掌握动作技术，提高难度动作质量，同时也可以维护队员的安全，达到预防运动损伤的目的；有利于队员之间团结互助的良好品质及团队凝聚力的形成。

保护的方法有：自我保护、他人保护、利用器械保护。帮助的方法有：直接帮助、间接帮助及利用器械帮助。在进行难度动作训练的实践中，根据不同动作的特点要正确选择保护与帮助的方法，也可以综合运用多种方法。特别要注意的是作为保护与帮助者，要做到正确站位、灵活移动、时机恰当、助力适度、部位准确、适时脱保。

6. 运动员心理因素的影响

运动员的心理能力即指运动员与训练竞赛有关的个性心理特征，以及依训练竞赛的需要把握和调整心理过程的能力，是运动员竞技能力的重要组成部分。不同类型的运动项目对运动员的心理能力有着不同的要求；不同水平的运动员的心理能力也有所不同。竞技健美操的项目特点要求运动员具有高度的自控能力及强烈的表现欲望。具体到难度动作训练上来，对运动员心理素质的要求可以概括为以下两个方面。

（1）强烈的自信心及表现欲。难度动作训练是整个竞技健美操训练体系中相对较难的一环，难度动作的学习与掌握是一种对自我的挑战，强烈的自信心及战胜一切困难的勇于拼搏的精神是训练过程中无形的支柱。在难度动作的训练中，运动员自己不仅要有直面困难的勇气，不怕困难的信心，教练员还要重视这种力量的存在，充分利用内在的驱动力，将其转变成运动员积极自觉训练的原动力，从而提高难度训练的自觉性。另一方面，运动员在完成较难的难度动作后的征服感也能在增强自信心方面起到积极的反作用。

克服恐惧心理的能力。心理胆怯是一些运动员经常出现的一种心理状态，心理胆怯使大脑皮层的控制系统陷入混乱状态，打乱了神经系统的控制，引起机能失调，从而严重影响训练及比赛。就难度动作训练而言，产生恐惧心理的原因主要是自身能力的不足及自信心的缺乏。根据调查显示，75% 的运动员在初学某难度动作或进行高难度动作训练时，曾因恐惧而影响训练。在实际训练过程中，保护与帮助是克服恐惧心理较为有效的手段。适时的保护与帮助有助于消除恐惧心理，从而能更好地完成训练任务。此外，运动员完成单个难度训练进行自我暗示也是行之有效的手段之一。

7. 场地器材的影响

正规的竞技健美操比赛场地要求是木质地板，地板必须是 12 米 × 12 米，并且清楚地标出 7 米 × 7 米的单人、混双、三人的比赛场地，以及 10 米 × 10 米的集体六人场地。

竞技健美操的训练辅助器械包括海绵垫、镜子、专业健身器、摄像机、多媒体设备等。在难度动作训练过程中，海绵垫能起到利用器械保护的作用，有助于降低动作难度，预防运动损伤；镜子能给运动员一个直观的反馈，能规范难度动作的完成；专业的健身器在基本素质训练中，特别是在力量素质的训练中的作用较为显著；摄像机及多媒体设备的运用能从多角度记录与回放难度动作的完成情况，有助于细致地分析难度动作完成的每一个细节，反馈作用比传统的镜子更加全面精确。从实际效果来看，所有应用过摄像法的教练员都认为摄像法的引入对运动员难度动作的掌握与规范有一定的促进作用，理论与实践都论证了摄像法的实用效果，值得大力提倡。

8. 训练周期以及时间安排的影响

训练时间以及周期的合理安排是科学制订整体训练计划的基础。训练时间是技术水平提高的必要条件，没有时间做保证，有再高水平的教练指导训练也不会起到任何作用。因此，合理安排训练的周期和时间，体现了对较差的方面优先发展的原则。

依据近年来较为盛行的夜间训练法来看，运动员的体能在 24 小时内呈现周期性变化，一天中体能最好的时刻一般是介于 18：00 至 20：00，这也是为什么夜间训练可以取得较好效果的原因。但是现实情况是，只有 22.7% 的训练队选择了这一时段进行训练，此外，有 13.6% 的训练队选择了 17:00 至 19:00 这一时段，与体能最佳时段有重叠时间，也有一定的合理性。

采用夜间训练，训练时间基本控制在 2 个小时左右。据有关资料显示，夜间训练的具体时间需根据实际情况而确定，如果把夜间训练作为正常训练的一个重要部分，那么夜间训练的持续时间以 2 个小时左右为宜。夜间训练的起始时间可以根据季节的变化和训练的总体安排等情况而有所不同。一般冬训期间的夜间训练可安排在 19：00 至 20：00 之间进行；春、秋季可安排在 19：30 至 21：00 或 20：00 至 22：00 进行；而夏训的夜间训练可放在 20：00 至 22：00 或 20：30 至 22：30 进行。夜间训练法的安排还要充分考虑到所有队员的课程安排等因素，并做好统筹。

9. 训练疲劳及运动损伤的影响

按照现代竞技运动的要求，无论训练还是比赛，运动员的机体功能都是在临界状态下进行的，如果长时间进行大运动量的训练，违反了训练原则，机体将产生疲劳甚至过度疲劳，轻者影响训练效果，重者将给机体带来严重的损伤。

运动性疲劳是一个复杂的、多层次的过程，它包括生理、心理、精神等多方面反应，运动性疲劳产生的原因也较为复杂，不同的运动项目、不同的运动强度和运动时间都对其产生不同程度的影响。就竞技健美操而言，难度动作的高难化、多样化的发展，难度动作链接的出现等一系列的变化，使得成套动作的编排有了越来越大的强度。为了训练运动员的体能，教练员大多采用多个成套动作连续练习，这就需要运动员在训练中连续从事大负荷的运动，并且由于竞技健美操运动属于以高强度的无氧代谢为主的运动，机体一直处于大强度的无氧运动状态下，这导致大脑皮层的兴奋与抑制过程之间的均衡性遭到了破坏，造成过度兴奋或过度抑制，破坏了原有的动力定型，导致皮层下的功能发生紊乱，引起器官系统功能失调，再加上无氧代谢产物 HL、尿酸、尿素、肌酸等物质在体内大量堆积，产生运动型疲劳。

因此，在训练过程中，教练员应当在运动员的运动疲劳期适当减少高难度动作的练习，或者不做任何高难度动作的训练。在运动疲劳期进行难度动作训练也很容易发生运动损伤，在这一特殊时期减少或暂停高难度动作的练习是理智的、科学的选择。对运动员的运动疲劳，教练员应及时判断并注意运用多种手段，如：健康饮食、保证充足的睡眠、按摩、水疗等，帮助运动员尽快恢复体能，度过疲劳期。

在体育运动中，竞技健美操运动员还容易造成运动损伤。所谓运动损伤指的是造成人体组织或器官在解剖上的破坏或生理上的紊乱。某些运动损伤与运动训练有着密切的关系，带有运动专业和技术动作特征。竞技健美操运动损伤分为急性损伤和慢性损伤，以急性损伤为主；损伤的程度分为轻度损伤、中度损伤、重度损伤。因此，当运动员出现运动损伤的症状时，教练员应适当减小受伤部位的难度动作的练习强度和次数，或者不做任何跟受伤部位相关的难度动作的训练。教练员还要合理判断运动员的受伤类型及受伤程度，以便确定受伤部位相关难度动作的训练强度和次数。有研究显示，竞技健美操运动损伤的时间主要集中在 10 至 12 月份，1 至 3 月份，教练员在这一时段的难度动作训练，要加强队员的体能训练，提高体能储备、合理安排训练内容和负荷、重视身体的全面训练、重视动作技术的分析和研究、注意调节心理情绪因素、重视体能的恢复及措施、加强医务监督和自我保护、重视训练后的放松运动。

10. 系统训练的影响

有研究学者根据多年的研究表明遗传基因不能决定运动技能的发展，起决定作用的是"多年系统训练"，运动水平和系统训练的时间、质量有关。学者认为随着长期、刻苦、有目的的训练，任何人都能达到优秀运动员水平，并提出了"十年规划"理论。多难度动作训练作为整个竞技健美操训练的重要组成部分，其训练难度及重要性比其他训练模块更加显著，更需要多年训练计划的支持。多年系统训练包括：明确的任务、信息反馈的存在、完善技术和改正错误动作。目前，人们主要关心的是系统训练理论的一般特性，而忽略了训练期的质量和个体对训练的满意度。

根据调查显示，有很大一部分的运动员会通过写训练笔记的形式，如实地把自己的训练感受记录下来，还有一小部分的教练员会在实际训练中要求队员写训练日记，这是一个矛盾的存在，这说明反馈机制在某种程度上的失灵。虽然训练日记只是信息反馈的一个手段，但是它能从一个侧面反映出训练计划制订的合理性。身在一个成熟的健美操运动员队伍中，教练员应该从队员基本技能掌握的现实情况出发，制订合理的训练目标及科学的训练计划，在监督其实施的过程中，重视信息反馈的作用，在实践中不断提高运动员的专项技术能力。

第三节　健美操运动员的技术训练

在健美操的日常训练中，有关技术的训练占据了运动员职业生涯的一半儿，在比赛场上，每一位运动员都是优秀的运动员，他们使出浑身解数，用花样的技术操作去折服观众和评委，进而获得佳绩。

一、技术训练的主要特点

竞技健美操同体操、艺术体操、蹦床、花样滑冰、花样游泳、跳水、体育舞蹈等项目都属于技能主导类表现难美性项群。新巧的编排、高超的难度、完美的完成、良好的体能以及稳定的心理素质等是该项群运动项目取胜的关键因素。在 2017—2020 年版的竞技健美操规则中指出，竞技健美操是一项在音乐伴奏下，能够表现连续、复杂、高强度成套动作的运动项目，该项目起源于传统的有氧健身运动。竞技健美操必须通过连续的动作组合，展示运动员的柔韧性和力量、七种基本步伐的多样性操化动作组合、结合难度动作完美地完成成套动作的竞技能力。操化动作、难度动作、过渡与连接动作、托举与配合（混双、三人、六人）动作等构成了竞技健美操的成套动作，这是竞技健美操项目独特的艺术魅力，也是区别于其他体育运动项目的主要特征。

复杂、多样的操化单元，高价值的难度动作，动感、流畅的过渡连接，新颖、独特的托举配合，使整套动作更具艺术性，而成套动作的编排最终要通过运动员在比赛场上的临场表现来体现其艺术价值。

二、操化动作

在竞技健美操成套动作中，把难度动作比作骨架，那操化动作就好比是肌肉，最能体现健美操的项目特色，使之区别于体操、艺术体操等项目。

如果一套操没有一个基本的格调，就会显得杂乱无章、不伦不类，那操化动作缺少了特色的编排，整套动作将缺少主题而显得枯燥。

操化动作是体现竞技健美操特征的重要因素之一，在2017—2020年版的竞技健美操竞赛规则中被定义为：健美操手臂与步伐的动作组合，应当表现出运动员的高协调性、高频率的手臂与步伐的运动、在整个比赛场地空间中充分穿梭和移动，伴随音乐的特征，创造性地表现出动感、节奏、连续的不同强度的操化动作。操化是竞技健美操运动员展示专项竞技能力的手段，也是体现运动员基本技术能力、基本技能和身体协调能力的一个重要方面。在比赛中，艺术裁判对操化内容的评价共计三分，考察操化单元的多样性、操化动作的复杂与创新性、连续操化动作的数量与均衡性，这三项每项各占一分。

竞技健美操竞赛规则指出：对艺术分的评价不仅是运动员在做什么，还包括怎么做。成套动作中由动作做什么（基本步伐、手臂动作）、怎样做（多样单调、复杂创新简单）来体现操化单元，根据动作的表现进行评分。竞赛规则将健美操的基本步伐分为踏步、后踢腿跑、弹踢腿、吸腿跳、踢腿跳、开合跳、弓步跳大类，并在规则中明确规定了每个基本步伐的完成标准。运动员运用复杂多样的操化是表现竞技健美操艺术性的重要因素之一，也是竞技健美操裁判进行艺术价值分评定的基础。

操化动作展示了高水准的身体协调能力，共同参与的身体部位越多，动作的价值也就越高。因此，无论是下肢步伐还是上肢手臂动作均应富于变换性、多样性、复杂性和创新性，体现出三维立体空间的关节旋转以及步伐的良好弹性和路线移动的流畅性。操化动作的非对称性要求运动员有较高的准确性和熟练性，在快节奏的音乐伴奏下，将身体的各项能力完全充分地表现出来，只有在保证熟练度和完成质量的前提下才能增加动作的多样性，尤其是在集体项目中只有保持动作的一致性才能减少扣分。

在团体健美操比赛当中，裁判不仅要考量上述所说的运动员的表现，还要综合考量多人操的编排。在编排内容上，操化动作编排不仅要考虑操化内容的复杂多样，还要充分展现多名运动员的个性特点及相互关系，注重上下肢动作的同时，更要注重队员的身体面向及队形的变化，使整套动作的编排能够表现良好的均衡性和创新性。不仅如此，在多人操的动作编排上，要有一个统一的主题，让裁判一看就能知道运动员所要表达的主要内容思想。

三、难度动作

根据 2017—2020 年版的竞技健美操国际评分规则，成套动作中所选择的难度动作必须体现空中、站立和地面三个空间的均衡性。混双、三人操和六人操最多能采用个难度动作，来自相同或不同组别的两个难度动作能够相结合，但来自相同根命名的两个难度动作不能结合。

衡量一名竞技健美操运动员难度动作技术水平的高低，一方面要看难度动作的编排情况，另一方面要看难度的完成情况。竞技健美操运动员在完成难度动作时所表现出的专项身体素质能力，直接影响着运动员成套动作的技术水平，这已成为衡量其竞技能力高低的重要标志之一。

在这套规则中难度动作分为四大组。

1.动力性力量：以展示上肢力量为主的动作，包含了十个根命名的难度。完成该组动作要求有足够的上肢力量和柔韧性，并且保持良好的身体姿态。如果未达到最低完成标准，裁判会根据要求进行相应的扣分。

2.静力性力量：该组难度展示运动员的静力性力量，包含了 6 种类型的 52 个难度，对运动员的上肢支撑力量和腰腹肌力量的要求较高。在整个技术动作过程中，每一个动作的支撑过程必须保持 2 秒，身体各种姿势完全支撑在双手上，双脚或臀部不得接触地面，只允许手触地面。

3.跳与跃：该组包含了 13 个根命名的 183 个难度动作，要求所有难度必须最大限度地展示爆发力和最大的动作幅度，任何方式的落地必须要有控制，且落地时必须保持完美的身体标准姿态。每个难度动作的完成要有足够的腾空高度，空中姿态优美且清晰可辨，达到最低的完成标准；如果缺乏适当的高度，空中停留时间短，转体不充分，裁判将会根据这次表现情况酌情扣分。该组难度动作基数大，为运动员在难度的选择上提供了较大的空间，并且此组动作较好地利用了三维空间，增强了比赛的观赏性。

4.平衡与柔韧：该组包含了7个根命名的56个难度，反映运动员的平衡与柔韧的身体素质，要求动作幅度大。所有动作过程中的劈腿动作必须达到180°，双腿伸直、转体完整且姿态控制准确，转体过程中脚后跟不允许接触地面。

难度动作反映运动员的技术水平，是竞技健美操成套动作构成的核心要素。随着世界竞技健美操的飞速发展，各国运动员在自己能力允许的范围内，不仅选用级别高、分值大的难度而且最大限度地运用难度组合动作，这对运动员的身体素质提出了更高的要求，难度系数越高风险就越大，将成为今后竞技健美操难度动作比拼的重点。

四、过渡与连接动作的构成

过渡与连接是以流畅、动感、平滑的动力性动作将成套动作中的操化动作、难度动作、托举动作、动力性配合合理有序地连接在一起。作为桥梁和纽带，过渡与连接使一个动作自然轻松地引导另一个动作，保持了动作的连续性，使成套动作更加完整、丰满。过渡与连接动作有机地结合了动作的难与美，将竞技健美操的美展现得淋漓尽致。

过渡与连接动作设计的合理与否对竞技健美操成套动作中的难度、托举、配合等动作的完成质量产生直接的影响。过渡与连接动作相对短小、灵活，合理、自然、巧妙的动作易于各部分的衔接，不仅显示其独特的艺术性，而且其自身的设计也极具艺术性。

过渡动作要求动感、灵活和流畅地表现出地面、站立和腾空三个层次空间的变化。连接动作要在不改变动作完成空间的前提下，新颖、连贯、自然地将两个动作连接在一起。2017—2020 年版的竞技健美操竞赛规则中指出：重复相似的过渡动作或者只需一种体能的过渡动作，动作之间的连接没有创新性，改变水平空间的过渡动作和难度动作的连接动作过于简单等，艺术裁判将给予相应的得分。新颖、独特的过渡连接不仅能够反映成套动作独一无二的艺术性特征，凸显其艺术风格，而且可以产生令人叹为观止的视觉冲击，达到锦上添花的艺术效果。

1. 托举与配合动作

2017—2020 年版的竞技健美操竞赛规则规定：混双、三人操和六人操的成套动作中必须有 3 次（可以包括开场和结尾）托举，少于或多于 3 次的托举动作都要被减 0.5 分。规则对每次托举的底座人数未做明确的规定，对动作的编排留下了较大的发展空间。该规则将托举动作中的托举者和被托举者命名为底座和尖子之后，对各种底座与尖子关系的描述也更加简明、方便。举例来说，当设计三人操托举动作时，要考虑三名运动员之间的相互关系，又要注意与其他动作的衔接是否自然流畅、合理，在凸显团队协作的同时，注重运动员之间的默契配合与情感的交流。

托举与配合动作在成套中起着画龙点睛和亮化成套的装饰性作用。动作是展示运动能力的载体，一次托举中难度系数的大小与其展示的能力成正比。动力性配合是一种信息的沟通，而这种信息的沟通要通过动作过程中身体语言的展示来体现队员之间和谐的关系。配合动作不需要太复杂，但要注意人与人之间的协调与动感。

因此，对多人团体健美操比赛形式来说，队形编排是体现成套动作艺术性和主题思想的基本框架，队形选择是否合理将直接关系到成套动作的表现。在设计队形的时候，要保持队形变化活而不乱，美而不花，要通过多方向、多层次、多角度、多路线的移动，产生丰富多样、灵活巧妙、目不暇接的队形变化，再加上动作的大小搭配、上下起伏、左右回旋、快慢交替使成套动作别具一格，提高了成套动作的表演效果。

2. 表现力与音乐

竞技健美操运动员通过快乐、自信的面部表情，并配以优美的肢体动作将成套动作的主题和音乐中所蕴含的思想诠释出来，从而吸引裁判和观众的眼球，使其达到共鸣。表现力是竞技健美操制胜的竞技能力之一，竞技健美操由裁判根据运动员在比赛中的现场表现进行评分。在 2017—2020 版的规则中对表现力的评价：运动员的表现（最高分）必须通过完成高质量的动作给人留有动作干净的印象；运动员通过充沛的体能、复杂的技巧、个人魅力、个性特征、表现及身体语言来接近观众，感染裁判；以自然的方式表现出自信和欢乐的面部表情。表现力是一个复杂的体系，受运动员技能水平、心智能对音乐的理解等多方面因素的影响，并没有定性指标可以直接判定。在比赛场上，运动员通过真诚、自然的面部表情，完美的技术动作，良好的身体姿态以及富有激情的音乐等来获得裁判的认同。对竞技健美操运动员而言，难与美是不可分割的，尤其是对美的追求是永无止境的。

成套动作必须在音乐（最高分）的配合下完整地表现出来，包括音乐的结构和音乐的使用。音乐是竞技健美操的灵魂，是对成套动作主题的最好诠释。每曲音乐都表现一定的内涵，套路要根据音乐进行创编，特定的音乐属于特定的套路，而非创编的套路适合随便一首曲子，缺乏主题思想。因此，音乐的选择尤为重要。成套动作的创编必须与音乐的理念、结构相一致，音乐的风格与运动员的表演所呈现出的个性特点相适应。音乐和动作都以节奏为基础，音乐的节奏和动作的节奏是两者和谐的纽带与沟通的桥梁，成套音乐中动效的使用必须与之相配的动作来增强其表演效果，音乐与动作的完美结合使多人竞技健美操成套动作的表现更具生命力、风格化与情感化。另外，由于音乐具有节奏鲜明、旋律优美、风格各异的特点，节奏快慢的变化使整套动作错落有致，从而提高了表演效果，增强了成套动作的艺术性和感染力。

第四节　健美操运动员的人文素质训练

人文教育与体育教育相互融合、相互渗透的根本目的在于培养全面发展的人。下面作者将从认识论角度、教育学角度、心理学角度、健美操学科、人文精神的角度来阐述在健美操教学中渗透人文教育的理论基础。

一、认识论基础

体育从诞生伊始就和认识论联系在一起，关注着人类的身体世界和精神世界。体育与人文素质教育之间的相互渗透已经成为学界的重要领域之一。人们需要通过身体、心灵的协调发展来认识自身、社会和世界，进而更好地改造自身、社会和世界。

人文研究的对象是精神，是主观世界，而健美操研究的对象是身体，是客观世界。虽然这二者研究对象不同，所用方法也有差别，但它们在追求真理、对未知世界孜孜探求的精神方面是一致的，都要求客观、公正，要求真善美的统一。人既是一切社会活动的起点，也是它的归宿，体育、人文都是人自己的事业，既然体育都是由人创造出来的，那么体育中也必然渗透着人文精神。

健美操是一门最基础的体育科学，这门学科本身就具有或者说包涵了人文精神。如果我们在平时的教学过程中渗透了人文教育，这样不仅会使课堂生动起来，使之增色不少，而且还有助于运动员真正理解和掌握健美操这门科学。

（一）教育学基础

教育的对象是人，教育的起点和归宿是培养符合社会理想的人。在健美操教学中渗透人文教育的教育学基础是人本化教育。教育学认为，人的各种学习需要有利于生长，因此主张从人的内部寻找心理发展的动力。在课程设置上，人本化教育思想主张以学习者为中心，要求课程内容的安排由学科中心转向个体课程内容的选择要适应学习者的情感发展、认知满足、个体价值等内部需要，以及在多元社会中生活所必备的学术、技能、人际交往、经济生活等外部需要。可见，在健美操教学中渗透人文素质教育是具有教育学基础的。

（二）心理学基础

健美操教学中渗透人文素质教育的心理学基础是人本主义心理学。人本主义思想认为人的需求层次分为五个阶段：生存、安全、交往、尊重和自我实现。只有在师生关系融洽、教学相长的氛围中，学生的尊重、自我实现的需求才能得到满足，个人特点与兴趣才能被激发。健美操教育的目的在于使运动员从健美操理论学习和练习中获得个人意义。健美操课程的职能是要为每一位健美操运动员提供有助于个人自由发展的、自我实现的途径。

人本主义课程论要求教育者以学生为中心进行教学，凸显学生独特的性格，陶冶学生高尚的情操，培养社会所需的人才。教育的目的就是塑造学生的个性，并且激发其潜能。人本主义教育的目的在于培养学生的道德、情感和意志，这就需要从平时的基本教育环节进行渗透。在人文主义的认识下，健美操教育者才能正视受教育者独特的个性，才能根据其特性来培养不同的运动员，真正做到"因材施教"，以受教者为本，在尊重每一位运动员个性的前提下促进其全面发展。

（三）健美操学科基础

健美操的教学目的既在于"健身"，更在于"健心"，不仅能提高运动员的身体素质，还能提高人文素质，不可偏废其一。在普通人的印象中，运动员是一个头脑简单、四肢发达的人，不具备人文内涵。而我们真正所需要的健美操运动员要学习人文知识，能够拥有自学的能力，能从外界获得自身所需的知识，并且提高其理解力，树立正确的人生观、世界观，为受教者的终身学习奠定一个扎实的基础，正所谓"授人以鱼，不如授人以'渔'"，只有这样才能使其在今后面对不断发展与变化的形势时能够不断学习、与时俱进。因此，健美操教育的核心在于训练学生进行独立的思考、分析和评判，最后使之能独立的解决问题。教学的实践告诉我们，在教学过程中渗透人文教育对培养运动员的个性、促进其全面发展是很重要的，而且也是富有成效的。

（四）人文精神基础

1. 合作精神

所谓合作精神，简单来说就是全局观念、团队意识和服务精神的集中体现。合作精神的基础是尊重个人的需要、动机、兴趣和成就。合作精神的核心是协同合作，其最高境界就是全体成员的向心力、凝聚力，使大家成为一个整体，反映的是个体利益和整体利益的统一，并使整个团队有效，高效地朝着目标前进。在健美操教学中，合作精神的形成并不是要求团队成员牺牲自我的利益而服从大局，挥洒个性、表现特长更是值得鼓励的。合作精神的力量保证了成员在进行练习和考核中，保护队形的变化、动作的整齐性。在健美操教学中，全体队员必须齐心协力，个体必须服从团体，才能创造团队精神。例如，在成套健美操训练中，为了教学的趣味性或者是为了取得良好的比赛成绩，团队成员必须要发挥自我的创造性，同时也为了集体的荣誉而克服自己的缺点，碰到困难不是互相责怪而是相互帮助、相互鼓励、共同前进。

2. 意志品质

意志，是人自觉地明确目的，并根据目的调节并支配自身的行动，克服种种困难，达到预定目标的心理过程。

虽然健美操是一项体育运动，但是它的艺术性较强，而且形式多变，内容丰富，使之成为体育艺术整体的一部分。健美操对练习者的协调性、柔韧性都有一定的要求，因此对以前没有接触过舞蹈和体操的初学者来说，必然会遇到许多困难，比如协调性差，动作难以到位，柔韧性差，体力不支等。但是，练习者在健美操独特魅力的吸引下，勤学苦练，坚持不懈，克服自身的不足，意志力逐渐增强。

学好一套完整的健美操，要从基础做起，练习者要反复练习各种基础动作，如各种走、变换步、跑步、跑跳步、弹挺步和波尔卡步等；在这以后，练习者还要进行团队训练，反复进行操化编队形。这不仅训练了练习者的灵活性、力量和协调性，也塑造了克服困难的勇气和顽强的意志品质。

健美操通过理论和实践课的教学，不仅能够培养运动员形成正确的价值观和世界观，还可以培养他们的良好的意志品质，使运动员勇于拼搏、不断进取，让运动员的协作精神、团队意识不断加强。

3. 审美情趣

研究健美操运动的审美价值，要贯穿整个教学环节。健美操运动本身就是健、力、美的完美结合，认识健美操的审美价值是为了改善健美操运动，而二者也是相互促进的。在美的欣赏、美的追求和美的创造中提升自己的人格，显示自己的人文素质。健美操的审美价值是不言而喻的，这也是它具有普及性的原因。

健康、力量、美丽是全人类无论男女所共同追求的目标，而健美操表现出来的充沛的体力、高超的技术、流畅的编排和健美的体魄等，都让人们难以忘怀。同时健美操富有动感的音乐，其让人随之起舞的旋律魅力，也使健美操运动更具有无形的艺术性。通过对健美操动作、健美操编排、健美操实践练习中的形体美、环境美和套路美的欣赏，一方面，引导练习者正确理解和判断事物的美与丑，培养他们鉴赏美丑的能力，使他们不断提高鉴赏美的水平。另一方面，健美操能够表达练习者的各种心境、状态，能够将自己的心情融入舞蹈动作当中，赋情于健美操，在探索中领略其美。

4. 创新精神

现代科技的迅猛发展改变了社会生产和生活，使得人的创造力显示出前所未有的突出地位。创新能力是一个内涵颇广的概念，想象力和创新思维能力是决定创新能力的基础和关键。目前，在我们推行的素质教育中重视学生科学思维的方法和能力的培养比向学生传播知识更为重要。我们再来看健美操，健美操不但动作优美而且节奏感强，并且它不是独立的而是由一系列的动作组合而成的，因而能够给学习者提供变化和创造的空间。

在教学中可以充分发挥练习者的创造性，自己或者小组成员一起创编新颖、动作搭配合理、协调、流畅的健美操。在健美操的学习中，可以进行大量的创新，单个动作可以创新，组合动作也可以创新。另外在个人造型、队形方面，在动作方向和路线、动作节奏和频率上都有值得练习者发挥其独创性的地方。因此，练习者练习健美操的过程本身就是激发其潜在的创新欲望和才能的过程。每人都能充分发挥自己的特点，创编具有独特风格的套路。不仅激发了他们的练习兴趣，也培养了其创造性思维的能力。让练习者充分发挥自己的想象力和创造力，各组对基本动作进行选择和组合，自行选编音乐，从而创造出形式多样、富有个性的成套或成段的健美操。这不但体现了自主性，而且还注重个体之间的个性差异，创造能力也因此得到提高。

第六章　不同年龄阶段的健美操教学

根据法律规定和惯例来界定年龄，我们一般称不满一周岁的为婴儿；一周岁以上不满六周岁的称为幼儿；六周岁以上不满十四周岁的称为儿童；十四周岁以上不满十八周岁的称为青少年；十八周岁以上不满四十五周岁称为青年；四十五周岁到五十九周岁称为中年人；六十周岁以上叫老年人。根据不同年龄的人群，身心发展呈现不同的特点，在进行健美操教学的时候，要制订有针对性的教学计划，让不同人群适应锻炼的强度和方式，从而更好地实现锻炼的目的。

第一节　幼儿健美操

根据法律规定，年龄处于一周岁以上不满六周岁的称之为幼儿，幼儿阶段是孩子身体发育和身体机能发育得十分快速的时期，而且是安全感和乐观精神形成的重要阶段。好好重视幼儿阶段，可以培养孩子良好的生活习惯和基本的生活能力，幼儿拥有强健的体魄和积极向上的、乐观的心态，为未来朝着良好的势头发展奠定基础。幼儿健美操的出现是根据幼儿身心发展的特点，以增强幼儿的身体素质和心理素质为目的，将身体锻炼作为手段，并且结合音乐、舞蹈等艺术形式而进行的体育活动，在此种教育形式之下，幼儿的体育锻炼会充满科学性、艺术性、趣味性和教育性。

一、幼儿健美操的教学内容

（一）成套动作设计与编排

成套动作的总体设计与编排根据《国民体质测定标准手册》（幼儿部分）对我国幼儿的身体素质的要求，我们在创编幼儿健美操的过程中，要紧紧联系不同阶段幼儿身心发展的特点、幼儿接受新事物的能力及培养幼儿运动兴趣等方面进行创编。因此，幼儿健美操的创编思路主要体现为以下几点：第一，成套动作的负荷结构要符合幼儿各阶段的生理、心理发展特征，成套动作必须涵盖每项素质内容；第二，每节操必须包含趣味性的模仿动作；第三，选择节奏感和感染性强的音乐；第四，当创编完成后，通过观察幼儿试做、试练的反馈情况，及时进行评估和修改，并通过不断地修改来完善动作的内容和结构。

幼儿健美操成套动作的创编主要有两部分内容：一是成套动作的创编；二是音乐的创编。其中成套动作的组成包括热身动作、投掷动作、平衡动作、跳跃动作、前屈动作、跳远动作、折返跑动作和放松动作这八个动作。由于幼儿正处于身体发育阶段，各个方面还没有发育完全，尤其是平衡能力，如果创编有难度的动作会导致幼儿摔倒，造成身体上的损害。另外，在音乐的选择与制作上，要用朗朗上口、节奏鲜明、简单的儿歌等形式，充分激发幼儿的练习兴趣。

第一，热身运动中主要是通过模仿小朋友起床伸懒腰、洗脸、刷牙这些形象的动作来帮助幼儿做一些上肢的伸展，头部的绕环以及髋关节、膝关节、腕关节的活动等。该节的主要目的是为了随后的身体活动做准备，所以选择了运动量较小的动作活动肢体。这样做不仅能够提高运动的安全性，同时也满足幼儿在生理和心理上的需要。

第二，投掷运动中主要是模拟"大老虎来了，小伙伴们快拿石头丢它"

这一情景来创编，主要是为了锻炼幼儿的上肢力量，活动幼儿的上肢。教师要教会幼儿用双手呈现虎爪手型，并且配合双腿分腿站立、屈膝，做老虎攻击猎物的动作，然后让幼儿通过网球掷远的动作来"还击大老虎"。这样反复地进行投掷动作，不仅有助于加强幼儿上肢力量的训练，而且对幼儿的协调能力有一定的帮助。

第三，平衡运动这一节模仿的是"老鹰抓小鸡"的游戏。教师让幼儿单腿支撑，原地小跳，两臂侧平举，双手五指分开，模拟母鸡保护小鸡仔的动作，然后母鸡保护小鸡仔成功后，双脚提踵，两臂上下摆动向前、向后走动。通过这节运动的练习，不仅可以提高幼儿的平衡能力和协调能力，还能够增强幼儿的脚踝力量。

第四，跳跃运动主要是通过模仿小兔子跳跃的动作来创编的，幼儿双臂肩侧上屈，双手呈"V"型指置于头部两侧，扮演一只小白兔。其练习方式主要有两种，一种是幼儿原地并腿双足跳，另一种是相邻的两个幼儿通过并腿双足跳来交换位置。这一节动作的设计是为了锻炼幼儿的下肢力量，腰腹力量以及增强他们的协调能力。

第五，前屈运动这一节是通过模拟小朋友捕鱼的情景来创编的，首先是模仿小金鱼在水中游的动作，接着是幼儿抓鱼，然后弯腰（体前屈）把捕到的鱼捡起来，假设途中有一条鱼逃跑，小朋友在身后抓住了它（体前屈体后击掌）。本节操的创编目的是发展幼儿下肢及躯干的柔韧性。

第六，跳远运动这一节是模仿小斗牛过河进行创编的。小斗牛在过河之前，通过前后左右地蹦跳来热身，然后用立定跳远的动作模拟小斗牛跳过小河，跳过小河之后，小斗牛摇着脑袋高兴的离开。这一节充分地锻炼了幼儿下肢肌肉力量、爆发力以及身体协调能力。

第七，折返跑运动是根据模仿小马驹赛跑来创编的，首先小马驹在赛前原地热身（原地高抬腿跑，小马跳），然后小马驹们冲出起点经过折返点，再返回起点位置（高抬腿跑）。这一节通过队形变化，加大相邻两个幼儿之间的距离，并且其中还加入了幼儿之间的配合。一个幼儿在赛跑时，另一个幼儿原地踏步，当赛跑的幼儿即将到达折返点时，踏步的幼儿转身充当折返点的标志物，赛跑的幼儿拍到"标志物"后返回起点，"标志物"幼儿转身回来继续踏步。这一节折返跑运动的练习不仅可以提高幼儿身体位移的速度，还能加强他们的灵敏素质。

第八，放松运动是模仿小黄鹂挥动翅膀回鸟巢睡觉的情景来创编的，幼儿模仿小黄鹂挥动着翅膀向左、向右独自玩耍，玩耍过后收起翅膀进入梦乡。设计这一节的目的是使幼儿的整个机体活动水平降低，使情绪和身体得到充分的放松，从而使机体保持内环境的平衡和稳定。

总之，在进行幼儿健美操动作创编的时候，要按照幼儿身心发展的特点，注意调动幼儿的学习兴趣，让幼儿的注意力能够坚持到整套操完全结束。一般来说，幼儿的注意力保持在5至10分钟之内，因此教师在进行教学前就要考虑控制好时间，把握好准备部分的活动时间，尽量控制在幼儿集中注意力的时间范围内。假如教师在训练过程中，发现大部分幼儿已经不再注意这部分学习的内容时，便准备更换另一种形式和场景。教师要懂得随机应变，根据当时的具体情况，随时调整教学计划。另外，还要注意在设计成套动作的时候要发展幼儿的全身素质，锻炼肢体力量和平衡协调能力，并且在操练的过程中，教师要仔细观察每一位幼儿的状况，切勿发生意外。

（二）音乐的制作与选择

音乐的选择与制作音乐是动作的灵魂，节奏是动作的脉搏。无论是幼儿体操、幼儿舞蹈、幼儿健美操都需要有音乐的伴奏，因为幼儿的学习情绪在音乐独特的节奏感染下，会更加活跃、兴奋，这样幼儿学习健美操的积极性就会被调动起来。

幼儿健美操的音乐选择范围很广，包括儿歌、童谣、流行幼儿音乐等，一般选择节奏清晰、鲜明，悦耳动听，歌词朗朗上口，主题比较明确的音乐。举例来说，根据动作特点和大班幼儿的年龄特点，会选择《天使》和《起床歌》这两首音乐，经剪辑制作后，整首音乐全长5分钟。音乐前奏引用《起床歌》进入主题，主旋律音乐《天使》的节奏感强，歌词朗朗上口，能够在一定程度上激发幼儿的参与兴致，调动他们的积极性。

总之，在幼儿的健美操训练当中，教师要掌握幼儿爱玩的天性，强调乐趣、活泼、自在、灵活、让幼儿在玩中找到乐趣，在玩中掌握健美操的技能，并且在玩中不断提高自己的身体和心理素质，符合幼儿的生理、心理发展特点。在进行每套健美操成套教学之前实验设计了不同的课程导入方式，如主要以游戏的形式来取代传统的准备活动内容。通过做游戏作为课程的开始，如让幼儿模仿各种小动物的走、跑、跳等与后面所要教学的相互联系的内容，用来激发幼儿的活动兴趣；又如将健美操中带有趣味性的单一动作，如一些不需要移动的动作、大的上肢动作，类似拍手、摆动、摇头等动作单独提出来进行练习；或者是只做不需要太多上肢配合的步伐移动作为导入课程的练习部分。另外还采用先让幼儿跟随音乐自由地做身体上的律动，采用情景律动的游戏形式，如我们在引导幼儿完成双脚跳跃的动作时，采用了儿歌配合的律动形式，结合儿歌"小蚱蜢，学跳高，一跳跳上狗尾草，腿一弹，脚一翘，哪个有我跳得高"，这样在训练幼儿基本动作的同时，也加深了幼儿对节奏感的感受。再有在课程引入时多次使用多媒体设备，首先让幼儿观看录像，幼儿在观看录像的过程中，运动的兴趣被激发出来。在教学实践的过程中能够发现，许多幼儿在观看录像时就主动地去跟随进行模仿。这样的课程导入的设计对激发幼儿学习的情绪，以及后面的成套教学都起到了非常好的效果。

（三）教学方法提示

1.幼儿正处于活泼好动的年级，其注意力时间往往保持在5至10分钟以内，教师想要长时间地保持幼儿的注意力在健美操教学内容上往往是不现实的。因此，健美操教师在教学过程中要把握好教学时间，提前对教学内容和长度有一个大致的把握，切勿在健美操教学中出现时间长但教学效果不好的现象。

2.幼儿正处在一个活泼好动的年纪，健美操正好可以取代其他有氧项目，让幼儿达到强健身心的目的。然而幼儿的特点是喜欢玩，那么健美操教师就要抓住玩这个特性，在健美操教学中注入游戏，让幼儿在玩中学会健美操。

二、幼儿健美操对幼儿身体素质的影响

（一）刺激身高和体重的发育

身高是人体生长发育过程中反映人体骨骼发育状况、身体纵向发育水平的重要指标。根据调查发现，经过一段时间的健美操的训练，幼儿的身高均有所增长，这说明练习健美操对提高幼儿的身高是有一定帮助的。另外，体重是人体横向发育的指标，是反映人体骨骼、肌肉、皮下脂肪、内脏器官以及营养状况等综合发育状况的重要整体指标，也是衡量健康和体力优良的重要标志。

幼儿正处在身高、体重增长速度较快的身体发育关键时期，参加过一段时间健美操练习的幼儿，其身高和体重的增长程度要比一般正常发育的幼儿要快，同时也说明了幼儿练习健身操操对身体形态的发展有积极的作用，如果能够长时间地坚持练习，锻炼效果会更好。

（二）提高平衡协调能力

根据幼儿身体发育的特点，幼儿在平衡协调能力方面有所欠缺，幼儿通过学习健美操，可以锻炼其平衡协调能力，刺激小脑发育。在做动作时，要求幼儿上体正直，自然挺胸，肩膀放松；双臂前后自然地摆动；向前迈步时要摆正方向，步伐要轻盈；在完成跑跳类动作时，要积极抬腿、落地要轻且稳；两手握拳自然摆动；要平稳有节奏的呼吸，这样的要求提高了幼儿对身体的控制能力和协调性的发展。再者，对同一动作的反复练习提高了幼儿的耐力素质；健美操中的手脚变换配合的动作，原地或转换方向的连续跳跃、跑跳的动作练习增大了幼儿的弹跳能力，有效地提高下肢力量。

在创编幼儿健美操的过程中，选择了绕环、举手、转体屈伸的上肢动作来训练幼儿的上肢力量，还在动作的衔接处加入了摆腿、转髋、波浪等动作来加强幼儿的腰腹的控制力量，同时由于经常性的模拟投掷动作，使得幼儿掌握了正确的技术动作。通过调查发现，经过一段时间的锻炼的幼儿，他的投掷动作相比于实验前更加规范、更加协调，并且灵活度得到了显著的提高。幼儿健美操的练习对提高幼儿上肢力量、腰腹的控制能力以及投掷能力方面有积极的促进作用。

另外，双脚连续跳是一项能够反映幼儿协调性、耐力和下肢肌肉的力量，并且在一定程度上能够反映灵敏程度和控制能力的测试。在创编幼儿身体素质操时，动作的变换是由简单到复杂，由单一到多样的，设计了原地、变化方向的双足连续跳跃以及跑跳的练习，强化了幼儿弹跳力的训练，有效地提高下肢力量；对同一动作的反复完成提高了幼儿耐力素质；保持相同的下肢动作，逐渐变化上肢动作的练习，促进了幼儿身体控制能力和协调性的发展。

（三）提高身体的柔韧程度

幼儿期是发展柔韧素质的敏感时期，幼儿骨骼和肌肉的可塑性较强，在这一时期发展柔韧素质效果明显。由于健美操对柔韧素质的要求高，因此有专门的柔韧性动作练习，动作从头颈部开始的转动绕环，到肩膀、躯干、髋部、大腿到脚踝的各个关节；将背部的拉伸，体前屈和体后屈，横纵叉的练习很好地结合在一起，提高了全身各个部位的柔韧性。经过一段时间的观察发现，经过柔韧性训练的幼儿，身体的柔韧程度得到了显著提高，座位体前屈的指标增长幅度大为提高。

（四）增强肌肉力量

幼儿时期的肌肉力量水平还比较低，需要参与不同的体育运动来加强幼儿的力量素质，而不负重的跳跃练习是较好的发展力量素质的方法，不但可以刺激骨骺，有利于骨的生长。作为一项由多种跳跃动作组成的健美操运动刚好满足提高幼儿力量素质对动作的需要。

幼儿健美操简单易学，为了丰富动作的多样性，教师会在其中加入跑跳等动作，满足幼儿活泼好动的天性，还能提高他们的新陈代谢，最重要的是这些奔跑、跳跃的动作，不仅能够提高幼儿动作的爆发力，还能够对幼儿下肢肌肉的力量和弹跳力的发展起到较好的作用。因此，长期的健美操练习对发展幼儿的力量素质有积极的作用。

（五）促进语言能力发展

幼儿正处于身体素质发展的关键时期，各项能力还没有发育完全，每一位幼儿身体发育的阶段和程度也不同。我们会发现有的幼儿在三岁的时候已经具备了与人流利对话的能力，但是有些幼儿却说不清楚，这就是幼儿语言能力发展的不平衡性。但是幼儿健美操可以缓解这一问题，健美操是一种需要师生之间进行互动，通过喊口号，自我展示等实践，从而促进幼儿词汇和口语表达能力发展的一种重要形式。

虽然幼儿的社会性发展测试前后差异无统计学意义，但交叉效应分析显示，幼儿的社会性随着时间会呈现加强的趋势。经过调查显示，在经过了一段时间训练的幼儿，他的性格会更加活泼，与人的交往也更加密切，改变了他们内向的性格，变得爱与其他小朋友一起玩耍。

三、幼儿健美操对幼儿心理素质的影响

（一）促进智力发展

幼儿健美操可以促进智力的发展。因为体育运动可以促进大脑的发育，

从而为促进智力的发展提供物质基础。幼儿健美操十分重视上下肢的协调，左右配合平衡的发展，有助于幼儿理解上下、左右、前后等空间的概念，有利于发展幼儿的观察力、想象力和注意力，从而促进幼儿智力的发展。

（二）增强幼儿自信心和表现力

健美操是一项以人体自身为对象，以形体练习为内容，以健身、健美、健心为目标的体育运动项目。对幼儿来说，经过一段时间的健美操的训练，幼儿在表现能力上有所增强，主要是指其内在精神气质和外在动作表现的统一。幼儿心理上要有表现意识，才能有高昂的激情和出色的表现力。这种激情就是建立在良好的自信心基础之上的。

众所周知，与自信心相反的心理就是自卑心理，人们常常因为不擅长做某一件事或者是身体某一方面有缺陷而产生自卑心理，这是一种不健康的心理体验，也是一种不健康的心理表现。幼儿本身也不例外，想要培养幼儿的自信心就必须从娃娃抓起想，想办法从各种途径解决这一问题。根据研究调查表明，经过一段时间健美操训练的幼儿，他在自信心表现上要比其他没有经受过训练的幼儿更强，可以有效地激发他们克服自卑的心理，达到理想的心理状态。因此，教师要抓住这一点，仔细观察幼儿的优点，并给予及时的表扬，正确地引导幼儿如何才能使动作表现得更为优美、舒展，从而使幼儿在自信心十足的情况下来处理任何事情。当幼儿有自信心的时候，他的表现能力自然也会增强，也就越能够表现出他个人的精气神和展现动作的能力。通过健美操的各种造型的练习，使之各个部分协调配合，呈现出身体匀称、肌肉丰满坚实的形态，展示出高昂的内在气质品质。而外部表现出刚强和柔韧的有机结合。另外，健美操训练的风格是指受不同文化教育，地域风俗，民族特点的影响，而创造出独特风格的动作。

因此，通过健美操的训练可提高幼儿的自信心，幼儿一旦具备了自信心，无论他们遇到任何困难，都能勇于面对，在自信心十足的情况下，他们更想要展现自己的能力，并且乐于向别人展现。一旦幼儿们得到他人的认可与掌声，就会更加坚定自己的信念，朝着成功的方向迈进。

（三）提高幼儿的适应能力

幼儿通过半年的健美操锻炼，可发现幼儿能提高机体对周围环境急剧变化的耐受力和对疾病的抵抗力。在冷、热环境中进行训练可使皮肤及呼吸道黏膜经常接受冷、热的刺激，提高机体对外界气温变化的适应性，增强人体的抵抗力。因此，经常进行适量的健美操锻炼，可以改善神经系统的功能，使大脑皮层与运动、循环、呼吸、消化、吸收等系统的活动相协调，增强机体的新陈代谢及组织器官的同化作用，使体弱多病或发育不良的幼儿通过健美操锻炼得以康复。

（四）提高幼儿鉴赏力

在幼儿时期，幼儿还有形成完全的独立意识，他的行为来自对身边人的模仿，是一个模仿力俱佳的孩子，并且他们还没有形成审美意识，不知道哪个好看，哪个丑陋，这时候就需要教师和家长来引导。

当幼儿学习健美操的时候，就是教师引导幼儿形成鉴赏能力的时候。由于健美操教学是在教师的指导下，对幼儿进行个体认知、学习和锻炼的运动过程，同时也包含着审美过程。在健美操教学中，要求教师在健美操教学和形体练习过程中有意识、有目的地培养幼儿的技能鉴赏能力，使得幼儿的鉴赏力得到一定程度的提高。另外，教师以优美的示范及领做动作，让幼儿懂得什么是最规范的动作标准，什么又是具备美感的动作。值得注意的是，教师在领做动作的时候，其示范要有强烈的激情和感染力，能够引发幼儿跟着一起做的兴趣，使得幼儿产生长久坚持的动力，从而让健美操运动对幼儿产生持久性、潜移默化地影响。

除此之外，通过健美操的各种练习，还可以培养和提高幼儿对身体美、运动美、姿势美、神情美、心灵美的感受与表现，有助于树立幼儿正确的审美观和鉴赏力。不仅使幼儿受益，来欣赏幼儿健美操表演的观众们也会受益。幼儿们在悠扬的音乐中表现出连贯流畅、舒坦优美的动作和富有感情的表演，尽情地在健美操中释放自己的活力，给观众以美的感受，使其得到视觉和听觉的双重享受。

通过健美操的学习来培养幼儿鉴别错误动作的能力，从而使幼儿产生对美的追求。幼儿对所学的动作进行反复的自我练习，增强了幼儿的自信心，加强了对美感的体验。在健美操训练中，相互技术动作的改正，不仅大大提高了动作的技术水平，也使幼儿的审美意识和鉴赏能力得到加强。教师和家长还可以通过组织观看健美操的比赛和录像，激发幼儿把内心体验与外在美结合起来，从中获得美感，进而获得高尚的情操。

（五）提高幼儿抗挫能力

由于幼儿各自的心理状况不同，导致他们感受和承受挫折的程度也不同，这就涉及幼儿心理的抗挫能力问题。如果幼儿的抗挫能程度较低，当他们面对即使很小的挫折，也会觉得很受打击。这时需要教师培养幼儿较高的挫折能力，从而减小他们对挫折的敏感程度，提高他们对挫折的心理承受能力。具体来说，教师需要根据幼儿的心理状况，设置符合幼儿心理特点的挫折教学情境。教师选择健美操教学内容时，对综合能力强和专项素质好的幼儿，可以加快简单动作的教学进度或者选择有较高难度的动作，在学习和训练过程中，幼儿会感受到挫折，在挫折的磨炼过程中提高学生的各项技能。如果幼儿各方面能力较弱，可以选择一些难度较小的动作，重在培养幼儿对健美操的兴趣。同时教师要对幼儿进行指导，树立适中的学习目标。

教师在开展健美操教学过程中需要采用分层教学方法。如果幼儿的综合能力较强，可以组织他们开展丰富的比赛活动，制订科学的比赛规则，让他们在比赛中明白胜败是很平常的事，这样他们就会以平和的心态面对失败，抗挫折能力自然也会提升。此外，对综合能力较弱的幼儿，可以按照健美操的具体内容，灵活运用游戏教学方式开展教学。幼儿的抗挫折能力从宏观角度来看属于一种心理素质，教师需要从培养他们良好的心理素质方面努力。教师要引导幼儿对挫折源的意义进行正确的评价，对挫折环境进行控制，经过不断地强化，将应对挫折的能力转化为自身的品质。当幼儿在学习健美操过程中遇到挫折时，教师应该主动帮助他们分析挫折产生的主观原因和客观原因，并对其心理进行疏导，从而消除他们的挫败感。对自卑感较强的幼儿，教师应该经常和他们谈心，对他们取得的进步及时给予表扬和鼓励。此外，教师要加强班级的人际关系建设，主动关爱每一位幼儿，引导幼儿之间形成相互关爱、相互帮助的人际关系。幼儿生活在平等、和谐的氛围里，有助于他们健康快乐地成长。

五、幼儿健美操的发展对策

（一）使用多样化器械

在健美操的实践教学中发现，幼儿的兴趣很容易被转移，对同一事物的反复接触或者练习都容易使幼儿产生厌倦情绪，而道具的使用刚好可以缓解这种现象。幼儿对动作方向尤其是左右方向的把握有一定的困难，器械的使用可以帮助幼儿辨别动作的方向。比如，实践中教师利用手上的道具作为标识物，利用标识物的提示帮助幼儿分辨方向。另外，幼儿在学习动作的过程中，容易产生动作与音乐脱节的现象，或是注重动作而忽视音乐，或是专注音乐而只表现部分动作，在这时加入有响声的小器械，既能让幼儿加深对音乐节奏的感觉，又能更好地帮助幼儿完成动作。健美操的练习和表演中常用的器械有：绳、棒、圈、哑铃、杠铃、皮筋、踏板、健身球等。进而可以进一步丰富健身性健美操的动作内容，调动幼儿的练习兴趣和热情。值得注意的是，幼儿健美操器械的选择必须是质量高、性能好、清洁卫生、安全可靠、美观实用的。

当动作编排，音乐、器械的选择都完成后，要进行成套动作的试做和试练，通过观察幼儿在试做过程中的兴趣、动作、动作的连接、音乐的配合、负荷量的设置、动作的难易程度等各个方面的情况，评估整套健美操是否适合幼儿。

（二）游戏化的课程导入

幼儿时期是一个爱玩的年纪，每一位小朋友都喜欢自由自在地玩耍，而不喜欢学习，学习埋没了幼儿的天性。因此，健美操的教学不能只是一种单纯的教学模式，而是应该将幼儿爱玩的天性作为课程设计的准则，用游戏的方式设置教学导入内容，通过做游戏作为课程的开始，如让幼儿模仿各种小动物的走、跑、跳等与后面所要教学的相互联系的内容，用来激发幼儿的活动兴趣；又如将健美操中带有趣味性的单一动作，如一些不需要移动的动作、大的上肢动作，类似拍手、摆动、摇头等动作单独提出来进行练习；或者是只做不需要太多上肢配合的步伐移动作为导入课程的练习部分。另外还采用先让幼儿跟随音乐自由地做身体的律动，采用情景律动的游戏形式，如我们在引导幼儿完成双脚跳跃的动作时，采用了儿歌配合的律动形式，结合儿歌"小蚱蜢，学跳高，一跳跳上狗尾草，腿一弹，脚一翘，哪个有我跳得高"，这样在训练幼儿基本动作的同时，也加深了幼儿对节奏感的感受。再有课程引入中多次使用了多媒体设备，首先让幼儿观看录像，幼儿在观看录像的过程中，运动的兴趣被激发出来。在教学实践的过程中能够发现，许多幼儿在观看录像时就主动地进行模仿。这样的课程导入的设计对激发幼儿学习的情绪，以及后面的成套教学都起到了非常好的效果。

（三）模仿式动作教学

在幼儿健美操教学过程中，教师的主要任务是教会幼儿会做健美操的成套动作，由于幼儿的年龄较小，肢体协调能力较差，教师不应当对幼儿动作做得是否到位做硬性的要求，而是应当把引起幼儿对健美操的兴趣作为教学的目标。只要幼儿能够在教师的带领下，掌握基本的步伐、手形和位置变化等，能够将一套动作做下来，达到强身健体的功效就可以了。

在幼儿健美操的教学过程中，应当区别于成人的健美操教学，不适合采用按节拍教学的方式进行教学，并且教师还应该抓住幼儿善于模仿的特点，将动作的名称，动作形象具体化，这样才能够引发幼儿的好奇心和兴趣。以《健康歌》这套协调性健美操的教学实践为例，因本套操内伴随音乐转身、绕动、击掌、拍打身体各部位的动作比较多，在成套动作教学时可以先配合不同的节奏做几节单独的拍击动作，如在实践中采用了快节奏和慢节奏交替的击掌练习，做拍击身体不同部位的动作，还采用两人和多人一组，站成不同的队形完成击掌的动作；此外，还利用了在原地或在走步、跑动、跳跃等移动过程中做击掌动作；在做操前和做操后引导幼儿进行节奏和速度变化的拍击游戏，拍击的速度、节奏和拍击的部位灵活多变，这样的练习对帮助幼儿在节奏、方位、体位、力量、速度等感知能力方面有了提高，并且活跃了学习健美操的气氛，提高学习的兴趣，对成套动作的串联起到了很好的效果。

除此之外，教师在领做动作时，都尽量采用镜面示范，这样既便于观察幼儿学习的状态，也能够跟幼儿在眼神和感情上有很好的交流，更好地吸引幼儿的注意力。在带领幼儿完成较复杂的动作时，同样采用游戏的方式，在实践中更改了原有的健美操动作术语，尽可能地突出动作的形象，加深幼儿对动作的印象，从而提高完成动作的质量。在完成需要上下肢配合的动作时，边唱歌边讲解动作，反复领做脚下和不同手臂的动作，并在熟练的基础上将动作连接组合到一起，形成一个完整的动作。

（四）教师以身示范

幼儿学习的过程是通过教师的不断引导，而不是不停地教授，教师的表现对教学效果起着极其重要的作用。幼儿教师需要声情并茂的语言、生动的表情、亲切的教学姿态，并要将这些教学的表达形式和谐统一。

首先，教师要具有很好的表现力，准确、优美地做出动作，通过教师的形体引发幼儿的思维、想象、模仿及活动的能力。教师在上课的过程中要注意负荷量的安排，注意幼儿情绪的变化和注意力保持的时间。由于遗传和环境等因素，每个幼儿身心发展的水平存在不同程度的差异，因此各个方面的活动能力是不同的，教师要有耐心，要注意幼儿在能力上的差别，尊重幼儿的个性特征。

其次，幼儿和成人一样，总是期望胜任某事，希望获得成功，需要成年人的关注和赞成来肯定他们的活动力和掌控力，教师的每一个动作和眼神都会对幼儿产生很大的影响。因此，教师要注意自己的语言，要善于用形象和幽默有趣的语言，要及时给予幼儿肯定与表扬，这一点在实践的过程中尤为重要。由于男女幼儿在性格上的差异，女孩子要比男孩子听话些，更容易被明快的音乐和优美的动作所吸引；男孩注意力容易分散，但是对音乐节奏的突然改变会产生兴趣，愿意跟随老师完成节奏感强烈，特别富有动感的动作。

最后，幼儿健美操的活动是为了帮助幼儿通过练习提高身体素质，并且从中获得愉悦，实践的过程没有把它变成一种技能的训练，尽量做到避免幼儿产生厌倦和抵触的情绪。在练习中更要帮助幼儿调节呼吸，教会幼儿正确呼吸的方法，这也是健美操作为有氧运动的一大特点，在提高幼儿身体素质的同时，能够锻炼到幼儿的心肺机能。

第二节　儿童健美操

1948年世界卫生组织明确规定：健康不仅是身体没有疾病，而且应当重视心理健康，只有身心健康、体魄健全，才是完整的健康。而随着人类对健康问题认识的不断深入和提高，世界卫生组织已经将健康的定义由最初狭隘的身体、心理、社会功能三个方面提升为躯体健康、心理健康、社会适应及道德健康四个方面的内容。在我国更是将国民体质健康列为实现中华民族伟大复兴的前提，其中学生体质健康又是重中之重。

然而我国儿童的体质健康水平数十年来一直处于下降的趋势，与日本、韩国等邻国相比差距甚远。为此，教育部、国家体育总局、共青团中央提出了一系列的政策方针，目的就是为了缓解我国儿童体质健康水平下降的态势，改善我国儿童体质，争取达到健康的水平。健美操作为一种新兴的体育运动，以其独特的魅力在众多的体育传统项目中脱颖而出，受到了越来越多人的喜爱。随着我国人民的生活水平的迅速提高，健身、休闲、娱乐逐渐成为人们的日常需要，人们加深了对体育运动重要性的认识，体育锻炼不再是一种行政手段，而是变成了人们自觉的行动。

目前在社会上不仅以健美操为主要内容的各种健身中心遍布我国大中型城市，而且在大中小学校，健美操也被列入教学大纲，作为正规的教学内容进行传授。

一、儿童健美操的教学内容

儿童健美操又称动感健美操，它是根据儿童的身心发展特点，专门为小学生设计的，让小学生通过学习健美操运动来锻炼身心。儿童健美操是以迪斯科的基本动作作为创编的基调，具有内容丰富、形式多样、简单易学、自然活泼、节奏欢快等特点，儿童通过学习健美操，能够全面活动身体的各个关节，提高肌肉的灵活性和协调性，达到增强体质健康，提高韧带和内脏器官的代谢功能的目的，最终实现儿童身体朝着正常健康的方向发育，形成健康的身姿体态。

（一）小学不同水平阶段的儿童健美操教学内容

随着健美操运动在学校体育中的发展，根据小学不同水平阶段的学生的身心特点，健美操的内容呈多样化发展，在进行健美操教学时，健美操教师需要对健美操的教学内容进行筛选，从种类繁多的内容中选择最适合学生学习的教学内容，这体现出教学过程中的因材施教。健美操作为一项运动在体育课程中开展时，它的教学内容大致分为基本步伐、组合动作、成套动作和素质动作这四类。

1. 基本步伐

基本步伐是健美操的最基础的内容，健美操运动的发展离不开基本步伐。基本步伐也是在小学的三个水平阶段的健美操课程中的重要内容之一。基本步伐包括无冲击步伐、低冲击步伐和高冲击步伐三大类，在不同的水平阶段，健美操教师在进行教学时要选择合适的基本步伐（如表5所示）。

表5　小学水平一阶段健美操基本步伐教学内容统计表

基本步伐	频数	百分比
踏步类	40 次	86.96%
点地类	38 次	82.61%
迈步类	35 次	76.09%
单脚抬起类	32 次	69.57%
迈步跳起类	30 次	65.22%
双脚起跳类	28 次	60.87%
单脚起跳类	31 次	67.39%
后踢腿跑类	25 次	54.35%
无冲击步伐	44 次	95.65%

　　通过调查发现，在水平一阶段，有95.65%的教师认为适合学习无冲击步伐；有86.96%的教师认为适合学习踏步类步伐；有82.61%的教师认为适合学习点地类步伐；有76.09%的教师认为适合学习迈步类步伐；有69.57%的教师认为适合学习单脚抬起类步伐；有67.39%的教师认为适合学习单脚起跳类步伐；有65.22%的教师认为适合学习迈步起跳类步伐；有60.87%的教师认为适合学习双脚起跳类步伐；有54.35%的教师认为适合学习后踢腿跑类步伐。教师在进行健美操基本步伐的教学时，可以先进行无冲击步伐教学，再进行踏步类步伐教学，然后是点地类、迈步类、单脚抬起类、单脚跳起类、迈步跳起类、双脚起跳类步伐教学，最后是后踢腿跑类步伐教学。由于水平一阶段的学生刚开始接触健美操，在这个阶段应首先教会学生健美操常用的七种基本步伐，有利于后面阶段的健美操学习。

表6 小学水平二阶段健美操基本步伐教学内容统计表

基本步伐	频数	百分比
踏步类	26 次	56.52%
点地类	28 次	60.87%
迈步类	42 次	91.30%
单脚抬起类	40 次	86.96%
迈步跳起类	36 次	78.26%
双脚起跳类	34 次	73.91%
单脚起跳类	38 次	82.61%
后踢腿跑类	33 次	71.74%
无冲击步伐	25 次	54.35%

在水平二阶段，有91.30%的教师选择迈步类步伐进行教学；有86.96%的教师认为适合学习单脚抬起类步伐；有82.61%的教师认为适合学习单脚起跳类步伐；有78.26%的教师认为适合迈步跳起类步伐；有73.91%的教师认为适合学习双脚起跳类步伐；有71.74%的教师认为适合学习后踢腿跑类步伐；有60.87%的教师认为适合学习点地类步伐；有56.52%的教师认为适合学习踏步类步伐；有54.35%的教师认为适合学习无冲击步伐。教师在选择健美操基本步伐教学内容的时候，需要考虑学生的身体发展情况，选择一些跑跳步，来增强该阶段学生的力量、速度这两个素质。同时，教师也要考虑学生膝关节和踝关节的受力情况，避免在运动中受伤。

表7　小学水平三阶段健美操基本步伐教学内容统计表

基本步伐	频数	百分比
踏步类	28 次	60.87%
点地类	30 次	65.22%
迈步类	34 次	73.91%
单脚抬起类	35 次	76.09%
迈步跳起类	40 次	86.96%
双脚起跳类	41 次	89.13%
单脚起跳类	37 次	80.43%
后踢腿跑类	43 次	93.48%
无冲击步伐	26 次	56.52%

在水平三阶段，有93.48%的教师认为适合学习后踢腿跑类步伐；有89.13%的教师认为适合学习双脚起跳类步伐；有86.96%的教师认为适合学习迈步起跳类步伐；有80.43%的教师认为适合学习单脚起跳类步伐；有76.09%的教师适合学习单脚抬起类步伐；有73.91%的教师认为适合学习迈步类步伐；有65.22%的教师认为适合学习点地类步伐；有60.87%的教师认为适合学习踏步类步伐；有56.52%教师认为适合无冲击步伐。该阶段学生的柔韧、灵敏素质已经发展到了一定程度，需要加强学生的力量、速度、耐力素质，因此在教学内容中，增加一些跑跳类、抬起类的步伐学习，但是仍然要考虑学生的膝关节和踝关节，以免受伤。

2. 步伐组合

步伐组合是为健美操成套动作的学习打基础，也是巩固、提升基本步伐。步伐组合通常分为单方向和多方向，单方向步伐组合是将不同步伐类型组合在一起，形成步伐组合；多方向步伐组合是将不同步伐组合在一起，再加以方向的变化，形成多方向组合。常见的步伐组合都是简单的基本步伐串联，复杂的步伐组合则要加上方向、旋转和空间的转换。而对小学不同水平阶段的学生来说，学习步伐组合仍然要遵循循序渐进、由简到繁的过程。

表8　水平一阶段步伐组合教学安排统计表（单方向）

步伐组合	频数	百分比
无冲击步伐 + 低冲击步伐	25 次	54.35%
低冲击步伐 + 高冲击步伐	9 次	19.57%
无冲击步伐 + 高冲击步伐	12 次	26.08%
无冲击步伐 + 无冲击步伐	35 次	76.09%
低冲击步伐 + 低冲击步伐	37 次	80.43%
高冲击步伐 + 高冲击步伐	10 次	21.73%

表9　水平二阶段步伐组合教学安排统计表（单方向）

步伐组合	频数	百分比
无冲击步伐 + 低冲击步伐	8 次	17.39%
低冲击步伐 + 高冲击步伐	24 次	52.17%
无冲击步伐 + 高冲击步伐	14 次	30.44%
无冲击步伐 + 无冲击步伐	5 次	10.87%
低冲击步伐 + 低冲击步伐	30 次	65.22%
高冲击步伐 + 高冲击步伐	18 次	39.13%

表 10　水平三阶段步伐组合教学安排统计表（单方向）

步伐组合	频数	百分比
无冲击步伐 + 低冲击步伐	5 次	10.87%
低冲击步伐 + 高冲击步伐	26 次	56.52%
无冲击步伐 + 高冲击步伐	15 次	32.61%
无冲击步伐 + 无冲击步伐	3 次	6.52%
低冲击步伐 + 低冲击步伐	38 次	82.61%
高冲击步伐 + 高冲击步伐	25 次	54.35%

根据图表分析，在小学水平一阶段，有 80.43% 的教师认为适合学习低冲击步伐与低冲击步伐组合；有 76.09% 的教师认为适合学习无冲击步伐与无冲击步伐组合；有 54.35% 的教师认为适合学习无冲击步伐与低冲击步伐组合；有 26.08% 的教师认为适合学习无冲击步伐与高冲击步伐组合；有 21.74% 的教师认为适合学习高冲击步伐与高冲击步伐组合；有 19.57% 的教师认为适合学习低冲击步伐与高冲击步伐组合。在小学水平二阶段；有 65.22% 的教师认为适合学习低冲击步伐与低冲击步伐组合；有 52.17% 的教师认为适合学习低冲击步伐与高冲击步伐组合；有 39.13% 是教师认为适合学习高冲击步伐与高冲击步伐组合；有 30.44% 的教师认为适合学习无冲击步伐与高冲击步伐组合；有 17.39% 的教师认为适合学习无冲击步伐与低冲击步法组合；有 10.87% 的教师认为适合学习无冲击步伐与无冲击步伐组合。在小学水平三阶段；有 82.61% 的教师认为适合学习低冲击步伐与低冲击步法组合；有 56.52% 的教师认为适合学习低冲击步伐与高冲击步伐组合；有 54.35% 的教师认为适合学习高冲击步伐与高冲击步伐组合；有 32.61% 的教师认为适合学习无冲击步伐与高冲击步伐组合；有 10.87% 的教师认为适合学习无冲击步伐与低冲击步法组合；有 6.52% 的教师认为适合学习无冲击步伐与无冲击步伐组合。因此，在步伐组合的内容安排上，水平一阶

段适合学习无冲击步伐和低冲击步伐组合、低冲击步伐与低冲击步伐组合；在小学水平二阶段，适合学习低冲击步伐和高冲击步伐组合、低冲击步伐与低冲击步伐组合；在小学水平三阶段，适合学习低冲击步伐和低冲击步伐组合、低冲击步伐与高冲击步伐组合。但是在教学过程中，每个阶段都应注意避免连续的高冲击步伐教学，以免学生受伤。

表 11　小学水平一阶段健美操步伐组合（多方向）教学内容统计表

步伐组合	方向	频数	百分比
无冲击步伐＋低冲击步伐	向前、向后	43 次	93.48%
	顺时针、逆时针转体	37 次	80.43%
	向侧	40 次	86.96%
高冲击步伐＋低冲击步伐	向前、向后	42 次	91.30%
	顺、逆时针转体	35 次	76.09%
	向侧	43 次	93.48%
无冲击步伐＋高冲击步伐	向前、向后	41 次	89.13%
	顺时针、逆时针转体	25 次	54.35%
	向侧	44 次	95.65%

在教师进行步伐组合教学时，通常会将不同步伐和方向组合在一起，形成多方向步伐组合，达到步伐组合的多样性，同时也锻炼学生们的方向感和步伐的灵活性。根据上表排序得出，在水平一阶段，教师进行无冲击步伐与低冲击步伐组合教学时，有93.48%的教师会融入向前或向后的方向变化；有86.96%的教师会融入向侧方向变化；有80.43%的教师会融入转体（顺时针和逆时针）的方向变化。教师进行高冲击步伐与低冲击步伐组合教学时，有93.48%的教师会融入向侧的方向变化；有91.30%的教师会融入向前或向后的方向变化；有76.06%的教师会融入顺时针转体或逆时针转体的方向变化。教师进行无冲击步伐与高冲击步伐组合教学时；有95.65%的教师会融入向侧的方向变化；有89.13%的教师会融入向前、向后的方向变化；有54.35%的教师会融入顺时针转体或逆时针转体的方向变

化。教师在进行教学时，根据步伐组合的难度融入适合的方向变化。

表 12　小学水平二阶段健美操步伐组合（多方向）教学内容统计表

步伐组合	方向	频数	百分比
无冲击步伐 + 低冲击步伐	向前、向后 顺时针、逆时针转体 向侧	35 次 40 次 38 次	76.09% 86.96% 82.61%
高冲击步伐 + 低冲击步伐	向前、向后 顺时针、逆时针转体 向侧	42 次 35 次 43 次	89.13% 80.43% 93.8%
无冲击步伐 + 高冲击步伐	向前、向后 顺时针、逆时针转体 向侧	41 次 25 次 44 次	84.78% 80.43% 86.96%

在教师进行步伐组合教学时，通常会将不同步伐和方向组合在一起，形成多方向步伐组合，达到步伐组合的多样性，同时也锻炼学生们的方向感和步伐的灵活性。根据上表排序得出，在水平二阶段，教师进行无冲击步伐与低冲击步伐组合教学时，有 86.96% 的教师会融入向顺时针、逆时针转体的方向变化；有 82.61% 的教师会融入向侧方向变化；有 76.09% 的教师会融入向前、向后的方向变化。教师进行高冲击步伐与低冲击步伐组合教学时；有 93.48% 的教师会融入向侧的方向变化；有 89.13% 的教师会融入向前或向后的方向变化；有 80.43% 的教师会融入顺时针转体或逆时针转体的方向变化。教师进行无冲击步伐与高冲击步伐组合教学时；有 86.96% 的教师会融入向侧的方向变化；有 84.78% 的教师会融入向前、向后的方向变化；有 80.43% 的教师会融入顺时针转体或逆时针转体的方向变化。教师在进行教学时，根据步伐组合的难度融入适合的方向变化。

表13　小学水平三阶段健美操步伐组合（多方向）教学内容统计表

步伐组合	方向	频数	百分比
无冲击步伐 + 低冲击步伐	向前、向后 顺时针、逆时针转体 向侧	33 次 41 次 38 次	71.74% 89.13% 82.61%
高冲击步伐 + 低冲击步伐	向前、向后 顺时针、逆时针转体 向侧	30 次 39 次 40 次	65.22% 84.78% 86.96%
无冲击步伐 + 高冲击步伐	向前、向后 顺时针、逆时针转体 向侧	31 次 43 次 42 次	67.39% 93.48% 91.30%

在教师进行步伐组合教学时，通常会将不同步伐和方向组合在一起，形成多方向步伐组合，达到步伐组合的多样性，同时也锻炼学生们的方向感和步伐的灵活性。根据上表排序得出，在水平三阶段，教师进行无冲击步伐与低冲击步伐组合教学时，有89.13%的教师会融入向顺时针、逆时针转体的方向变化；有82.61%的教师会融入向侧方向变化；有71.74%的教师会融入向前、向后的方向变化。教师进行高冲击步伐与低冲击步伐组合教学时；有86.96%的教师会融入向侧的方向变化；有84.78%的教师会融入顺时针或逆时针转体的方向变化；有65.22%的教师会融入向前、向后的方向变化。教师进行无冲击步伐与高冲击步伐组合教学时；有93.48%的教师会融入顺时针或逆时针的方向变化；有91.30%的教师会融入向侧的方向变化；有67.39%的教师会融入向前、向后的方向变化。

3. 成套动作

成套动作的基础来自单个动作或者一串的动作组合，学生在学习了基本步伐、动作组合后，再学习成套动作会更加轻松。不同的成套动作，对学生的身体有不同的锻炼效果，因此教师在选择成套动作时，需要考虑多方面的因素，选择适合不同水平阶段学生学习的教学内容。

表 14　小学水平一阶段健美操成套动作教学内容统计表

成套动作	频数	百分比
第三套大众健美操少儿 1 级规范动作	44 次	95.65%
第三套大众健美操少儿 2 级规范动作	3 次	6.52%
第三套大众健美操少儿 3 级规范动作	0	0
全国第三套大众健美操 1 级规定套路	10 次	21.74%
全国第三套大众健美操 2 级规定套路	0	0
全国第三套大众健美操 3 级规定套路	0	0
全国全民健美操等级规定 动作 1 级有氧舞蹈	21 次	45.65%
全国全民健美操等级规定 动作 2 级有氧舞蹈	0	0
全国全民健美操等级规定 动作 3 级有氧舞蹈	0	0
全国普及性健美操规定动作之少儿哑铃示范教学	15 次	32.61%
形体健美操	11 次	23.91%
搏击健美操	5 次	10.87%
踏板健美操	3 次	6.52%
拉丁健美操	0	0
健身街舞	0	0
有氧舞蹈	0	0
自编套路	9 次	19.57%

　　在水平一阶段，由于学生的身心特点，在安排健美操成套教学内容上，教师大都选择比较基础的套路，根据调查排序得出，水平一阶段，有 95.65% 的教师认为适合学习第三套大众健美操少儿 1 级规定动作；有 45.65% 的体育教师认为适合学习全国全民健美操等级规定动作 1 级有氧舞蹈；有 32.61% 的体育教师认为适合学习全国普及性健美操规定动作之少儿哑铃示范教学；有 23.91% 的体育教师认为适合学习形体健美操；有

21.74% 的体育教师认为适合学习全国第三套大众健美操 1 级规定套路；有 19.57% 的体育教师认为适合学习自编套路；有 10.87% 的体育教师认为适合学习搏击健美操；有 6.52% 的体育教师认为适合学习踏板健美操与第三套大众健美操少儿 2 级规定动作。由此看出，健美操教师在课堂中最常教授的成套动作是第三套大众健美操少儿 1 级规定动作和全国全民健美操等级规定动作 1 级有氧舞蹈。

表 15　小学水平二阶段健美操成套动作教学内容统计表

成套动作	频数	百分比
第三套大众健美操少儿 1 级规范动作	10 次	21.74%
第三套大众健美操少儿 2 级规范动作	45 次	97.83%
第三套大众健美操少儿 3 级规范动作	0	0
全国第三套大众健美操 1 级规定套路	5 次	10.87%
全国第三套大众健美操 2 级规定套路	13 次	28.26%
全国第三套大众健美操 3 级规定套路	0	0
全国全民健美操等级规定 动作 1 级有氧舞蹈	7 次	15.22%
全国全民健美操等级规定 动作 2 级有氧舞蹈	23 次	50%
全国全民健美操等级规定 动作 3 级有氧舞蹈	0	0
全国普及性健美操规定动作之少儿哑铃示范教学	17 次	36.96%
形体健美操	14 次	30.43%
搏击健美操	6 次	13.04%
踏板健美操	5 次	10.87%
拉丁健美操	0	0
健身街舞	0	0
有氧舞蹈	0	0
自编套路	11 次	23.91%

在水平二阶段，由于学生的身体机能的强健和各项身体素质的提高，在安排健美操成套教学内容上，体育教师提高了健美操成套动作教学内容的难度。根据调查排序得出，在水平二阶段，有 97.83% 的教师认为适合学习第三套大众健美操少儿 2 级规定动作；有 50% 的教师认为适合学习全国全民健美操等级规定动作 2 级有氧舞蹈；有 36.96% 的教师认为适合学习全国普及性健美操规定动作之少儿哑铃示范教学；有 30.43% 的教师认为适合学习形体健美操；有 28.26% 的教师认为适合学习全国第三套大众健美操 2 级规定套路；有 23.91% 的教师认为适合学习自编套路；有 21.74% 的教师认为适合学习第三套大众健美操少儿 1 级规定动作；有 15.22% 的教师认为适合学习全国全民健美操等级规定动作 1 级有氧舞蹈；有 13.04% 的教师认为适合学习搏击健美操；有 10.87% 的教师认为适合学习踏板健美操和全国第三套大众健美操 1 级规定套路。由此看出，健美操教师在课堂中最常教授的成套动作是第三套大众健美操少儿 2 级规定动作和全国全民健美操等级规定动作 2 级有氧舞蹈。

表 16　小学水平三阶段健美操成套动作教学内容统计表

成套动作	频数	百分比
第三套大众健美操少儿 1 级规范动作	7 次	15.22
第三套大众健美操少儿 2 级规范动作	9 次	19.57
第三套大众健美操少儿 3 级规范动作	40 次	86.96
全国第三套大众健美操 1 级规定套路	8 次	17.39
全国第三套大众健美操 2 级规定套路	6 次	13.04
全国第三套大众健美操 3 级规定套路	20 次	43.48
全国全民健美操等级规定		
动作 1 级有氧舞蹈	15 次	32.61
全国全民健美操等级规定		
动作 2 级有氧舞蹈	18 次	39.13

成套动作	频数	百分比
全国全民健美操等级规定 动作 3 级有氧舞蹈	21 次	45.65%
全国普及性健美操规定动作之少儿哑铃示范教学	25 次	54.35%
形体健美操	15 次	32.61%
搏击健美操	17 次	36.96%
踏板健美操	9 次	19.57%
拉丁健美操	6 次	13.04%
健身街舞	0	0
有氧舞蹈	0 次	0
自编套路	15 次	32.61%

在水平三阶段，由于学生的身体机能和各项身体素质的提高，在安排健美操成套教学内容上，教师相应地提高了健美操成套动作教学内容的难度。根据调查排序得出，有 86.96% 的教师认为适合学习第三套大众健美操少儿 3 级规定动作；有 54.35% 的教师认为适合学习全国普及性健美操规定动作之少儿哑铃示范教学；有 45.65% 的教师认为适合学习全国全民健美操等级规定动作 3 级有氧舞蹈；有 43.48% 的教师认为适合学习全国第三套大众健美操 3 级规定套路；有 39.13% 的教师认为适合学习全国全民健美操等级规定动作 2 级有氧舞蹈；有 36.96% 的教师认为适合学习搏击健美操；有 32.61% 的教师认为适合学习形体健美操、自编套路或全国全民健美操等级规定动作 1 级有氧舞蹈；有 19.57% 的教师认为适合学习踏板健美操；有 17.39% 的教师认为适合学习全国第三套大众健美操 1 级规定套路；有 15.22% 的教师认为适合学习第三套大众健美操少儿 1 级规定动作；有 13.04% 的教师认为适合学习全国第三套大众健美操 2 级规定套路或拉丁健美操。在水平三阶段，体育教师在课堂中最常教授的成套动作是第三套大

众健美操少儿 3 级规定动作。

4.身体素质动作

难度动作不仅体现了竞技健美操难而美的特征，并且其技术水平的不断提高也代表了竞技健美操项目发展的主流方向。对小学生而言，虽然其对健美操的竞技水平不要求，但是体育教师仍然可以将难度动作简单化，转化成适合小学生各项身体素质发展的动作，然后教授给学生。

表 17　小学水平一阶段身体素质动作教学内容统计表

素质动作	频数	百分比
燕式平衡	15 次	32.61%
纵劈腿	40 次	86.96%
下腰	38 次	82.61%
单脚站立	35 次	76.09%
横劈腿前穿	5 次	10.87%
大踢腿	0	0
行进问踢腿	10 次	21.74%
俯卧撑	0	0
分腿支撑	0	0
直角支撑	0	0
仰卧起坐	6 次	13.04%
跳转 360 度	0	0
团身跳	0	0
跨跳	0	0
手倒立	0	0
肩肘倒立	0	0
前、后滚翻	0	0

在水平一阶段，由于该阶段学生骨骼柔软，肌肉力量薄弱，为了发展学生的柔韧性与平衡性，在安排身体素质动作的教学上，教师大都选择符

合该阶段学生生长发育特性的内容。根据调查排序得出，在水平一阶段，有86.96%的教师认为适合学习纵劈腿动作；有82.61%教师认为适合学习下腰动作；有76.09%的教师认为适合学习单脚站立动作；有32.61%的教师认为适合学习燕式平衡动作；有21.74%教师认为适合学习行进间踢腿动作；有13.04%的教师认为适合学习仰卧起坐动作；有10.87%的教师认为适合学习横劈腿前穿。体育教师可选择劈腿、下腰和单脚站立这三种动作进行教学。在水平一阶段，需要发展学生的柔韧和平衡素质，这些动作难度程度也符合该阶段学生的身体素质发展。

表18　小学水平二阶段身体素质动作教学内容统计表

素质动作	频数	百分比
燕式平衡	15 次	32.61%
纵劈腿	20 次	43.48%
下腰	21 次	45.65%
单脚站立	42 次	91.30%
横劈腿前穿	17 次	36.96%
大踢腿	14 次	30.43%
行进问踢腿	23 次	50.00%
俯卧撑	40 次	86.96%
分腿支撑	3 次	6.52%
直角支撑	36 次	78.26%
仰卧起坐	8 次	17.39%
跳转 360 度	17 次	36.96%
团身跳	9 次	19.57%
跨跳	16 次	34.78%
手倒立	25 次	54.35%
肩肘倒立	5 次	10.87%
前、后滚翻	7 次	15.22%

在水平二阶段，由于该阶段学生的肌肉大小及力量相比水平一阶段的学生有所增加，并且该阶段学生好动，为了发展学生的灵敏与速度素质，在安排健美操素质动作的教学内容上，教师大都选择符合该阶段学生生长发育特性的内容，且该阶段能够发展学生身体素质的动作增多，学生的身体能够承受这些动作。根据调查排序得出，在水平二阶段，有91.30%的教师认为适合学习单脚站立动作；有86.96%的教师认为适合学习俯卧撑动作；有78.26%的教师认为适合学习直角支撑动作；有54.35%的教师认为适合学习手倒立动作；有50%的教师认为适合学习行进间踢腿动作；有45.65%的教师认为适合学习下腰动作；有43.48%的教师认为适合学习纵劈腿动作；有36.96%的教师认为适合学习跳转360°和横劈腿前穿动作；有34.78%的教师认为适合学习跨跳动作；有32.61%的教师认为适合学习燕式平衡动作；有30.43%的教师认为适合学习其他（大踢腿）动作；有19.57%的教师认为适合学习团身跳动作；有17.39%的教师认为适合学习仰卧起坐动作；有15.22%的教师认为适合学习前、后滚翻动作；有10.87%的教师认为适合学习肩肘倒立动作；有6.52%的教师认为适合学习其他（分腿支撑）素质动作。健美操教师在进行教学时，会选择单脚站立、俯卧撑、直角支撑、手倒立和行进间踢腿这五类动作。这主要锻炼该阶段学生的灵敏、速度和柔韧性，这些动作符合该阶段学生的身体素质的发展。

表 19　小学水平三阶段发展身体素质动作教学内容统计表

素质动作	频数	百分比
燕式平衡	31 次	67.39%
纵劈腿	42 次	91.30%
下腰	35 次	76.09%
单脚站立	43 次	93.48%
横劈腿前穿	15 次	32.61%
大踢腿	37 次	80.43%
行进问踢腿	38 次	82.61%
俯卧撑	40 次	86.96%
分腿支撑	17 次	36.96%
直角支撑	33 次	71.74%
仰卧起坐	39 次	84.78%
跳转 360 度	41 次	93.18%
团身跳	39 次	84.78%
跨跳	37 次	80.43%
手倒立	20 次	43.48%
肩肘倒立	10 次	21.74%
前、后滚翻	10 次	21.74%

在水平三阶段，学生在该阶段的身体发育速度急剧加快，为了锻炼学生的速度与力量素质，且在该阶段能够发展学生身体素质的动作有所增多，学生的身体能够承受这些动作。根据调查排序得出，在水平三阶段，有93.48%的教师认为适合学习单脚站立动作；有93.18%的教师认为适合学习跳转360°动作；有91.30%的教师认为适合学习纵劈腿动作；有86.96%的教师认为适合学习俯卧撑动作；有84.78%的教师认为适合学习团身跳和仰卧起坐动作；有82.61%的教师认为适合学习行进间踢腿动作，80.43%的教师认为适合学习大踢腿或跨跳动作；有76.09%的教师认为适合学习下

腰动作；有 71.74% 的教师认为适合学习直角支撑动作；有 67.39% 的教师认为适合学习燕式平衡动作；有 58.69% 的教师认为适合学习前、后滚翻动作；有 43.48% 的教师认为适合学习手倒立动作；有 36.96% 的教师认为适合学习分腿支撑动作；有 32.61% 的教师认为适合学习横劈腿前穿动作；有 21.74% 的教师认为适合学习肩肘倒立动作。健美操教师可选择单脚站立、跳转 360°、纵劈腿、俯卧撑和团身跳这五类动作在进行教学。这主要锻炼该阶段学生的灵敏、速度、柔韧性和力量，这些动作符合该阶段学生的身体素质发展。

（二）教学方法提示

1. 由于儿童的模仿能力强，且多动活泼，教师在教学的过程中要注意多做示范动作，示范要优美，动作要标准，从小能培养儿童的良好的身体形态和动作规范。

2. 囿于儿童的识字水平，靠看书讲解来教授儿童健美操动作显然是不切实际的。因此，健美操教师要给学生做示范，让学生跟着一起做。不仅如此，在教学过程中，教师还多采用背面示范、侧面示范和镜面示范，同时注意要用形象性的语言启发儿童的想象力。

3. 由于儿童的综合能力差，教师在教学过程中，注意要采用分解式教学，让儿童在学好一部分内容之后，再教授下一部分的内容，然后再将所有的动作融会贯通，完成整个教学任务。但是要注意的是分解式教学会破坏动作的连贯和整体性，不利于儿童协调能力的发展。

4. 在练习儿童健美操的时候，可以自己选配音乐，一般可选用迪斯科旋律或者是节奏较慢的音乐，也可选用儿童十分熟悉的、节奏欢快的乐曲。选用音乐的速度一般控制在每 10 秒钟 20~22 拍。

二、儿童健美操对儿童身体素质的影响

《国家学生体质健康标准》对学生身体健康水平的评价主要依据身体

素质，以柔韧、力量、速度和耐力的相关指标来评价儿童健美操项目对儿童身体素质的影响。

1. 柔韧性素质

柔韧性是衡量身体素质重要指标之一，它是指人体关节活动幅度。从生理解剖结构可知，关节幅度取决于关节周围的韧带、肌腱、肌肉、皮肤和其他组织的弹性和伸展能力。

在儿童骨骼成分中，胶原含量与磷酸钙、碳酸钙含量的比值为1:2，与成人相比，儿童的骨骼更加柔软、有弹性、可塑性强，是公认的发展柔韧性的最好时期。健美操项目将舒展与刚劲有力的肢体活动特征完美结合，每一个动作既蓄力而发又能达到人体的极限幅度，如开合跳、吸腿跳等动作。

为适应儿童的身体结构特点，将发展儿童身体的柔韧性作为重点教授的一部分。因此，在教学过程中，教师会安排非常多的练习，用来提高身体的柔韧性，如准备活动中的牵拉练习，基础部分中健美操动作在学习过程中各个关节的绕环、提拉，这些练习有效地提高了儿童的柔韧素质。

2. 力量素质

力量素质是人体运动的动力源，也是其他身体素质发展的基础，人体任何形式的运动都与肌肉力量密切相关。力量素质的实质就是人体肌肉工作时克服阻力的能力，主要分为最大力量、快速力量及力量耐力三个部分。

处于儿童这个年龄阶段时，正是人体发展建立的基础阶段。虽然儿童的骨骼弹性好，但稳定性差，所以对力量素质练习中的负荷控制既要科学合理又要讲求效果。因此，我们选择立定跳远、仰卧起坐和斜身引体向上分别测量儿童的爆发力量和力量耐力。

第一，立定跳远是衡量下肢肌群的爆发用力能力，动作要求膝、踝、髋三个关节的协调用力，最后将力量传递到前脚。第二，仰卧起坐方式是用来评价腹肌的力量，用1分钟能做的次数来衡量耐力水平。良好的腹肌力量在维持正确的坐、立、行等身体姿势起着关键作用，次数越多证明耐力越好。第三，斜身引体向上可以正确评价上肢二头肌、胸大肌等屈肌力量耐力。

健美操动作囊括了上肢、下肢、胸部、腰部等主要肌群的肌肉，同时也强化了向心、离心、等长收缩的三种肌肉收缩形式。基本步法中的跑跳步、并腿跳等动作增加了下肢肌肉的力量。健美操项目的特点正是通过肢体多变的动作来达到健身的目的，与其他项目相比有较多的提肩、沉肩、绕肩动作，腰腹部又包括屈、转、绕等动作，在儿童不断学习的过程中，积极地影响了儿童的上肢和腰腹部的力量耐力素质。而随着健美操的发展，成套动作中力量性动作有显著增加，动作速度快并且幅度大。在儿童健美操的学习过程中，虽然不能按照竞技健美操来严格要求儿童，但是"健"与"美"的特点仍然需要展示出来，所以在课程基础部分，结合儿童健美操的特点，科学安排以自身负重为主，轻器械为辅的力量训练，如半跪俯卧撑、半蹲、全蹲、持矿泉水的肱二头肌练习等。不断变化的练习方式不但能提高儿童练习的兴趣，而且保证全身肌肉力量得到均衡发展，增加肌肉中毛细血管和肌红蛋白的数量，改进氧运输功能，最大限度地避免儿童神经肌肉易疲劳的缺点。

3. 速度素质

速度素质是表现人体运动能力最重要的一项素质，原德国的盖·施莫林斯基对速度素质的概括较为准确，"所谓速度是指在神经系统和肌肉组织运动过程的可变性的基础上，以一定的速度来完成动作的能力。"速度素质可详细分为反应速度、动作速度和移动素度三个部分。

反应速度指的是人体对各种信号刺激快速应答的能力。研究表明，反应速度在10至17岁达到最佳水平的88%。中枢神经系统与神经肌肉之间的协调关系决定了其反应速度。动作速度是接受指令后的继发效果，动作速度的定义为人体完成单个或成套动作的速度。中枢神经系统兴奋与抑制的转换速度和神经——肌肉协调性的关系共同决定了动作速度的快慢。

由上述内容可知，反应速度和动作速度是一个动作的两个阶段，既有区别又联系紧密，难以单独评价。人体感受器接收信号，通过神经传导引起肌肉的反应过程，时间越短，证明机体反应速度和动作速度越快。移动速度表示的是单位时间内，机体快速移动的能力。三者有非常紧密的连系，在周期性运动中，反应速度、动作速度是前期准备工作，从而触发动作速度的完成。

在健美操教学过程中，儿童在接受健美操音乐的外界刺激后，将信息经由传入神经传递到神经中枢，经神经中枢分析整理后，通过传出神经到达效应器，从而引起肌肉活动。在练习过程中，儿童不断重复这样的过程，逐渐强化接收信号、处理信息的能力，激活大脑皮质的兴奋性，从而提高了反应速度。值得注意的是，动作速度的改变主要源于教师在教学过程中，反复强调动作姿态、方向、节奏要协调统一、流畅连贯，因为这与动作效果的好坏直接相关。如此循环往复，在这样高规格动作的要求下，儿童需要反复练习动作以提高动作效果。移动速度的提高与反应速度、动作速度紧密相关，接收信号后神经系统快速分析、快速传导能力提高了反应速度，单个周期内动作速度的提高共同促使移动的快速完成。另外，强壮的上下肢力量及身体协调配合也是移动速度提高的必然条件。

4. 耐力素质

耐力素质是指有机体在较长时间内保持特定强度负荷或动作质量的能力。在竞技体育层面，耐力素质主导着运动员竞技水平的高低，对机能节省化、协调有序的完成技术动作有非常大的帮助。

从供能角度分析，如果人体进行中等强度运动超过八秒，肌肉活动的直接供能物质 ATP 就将消耗殆尽，为保证肌肉供能正常，乳酸能系统将无氧分解，在生产乳酸的同时合成 ATP，但是这个系统也只能维持三十三秒左右的供能。当人体得不到充分供能时，有氧氧化系统开始发挥作用，虽然生成 ATP 的速率低，但确可以持续很长时间，而有氧耐力直接受有氧氧化系统的影响。

儿童健美操成套动作的演练时间多集中在 3 ~ 5 分钟之间，且强度负荷多以自身负荷为主，所以有氧氧化系统是儿童健美操的直接供能系统。经过长期的健美操教学，学生的有氧代谢能力不断强化并提高，伴随着年龄的增长，心血管系统已经到达成人水平，两方面原因共同促进了学生有氧耐力的提高。所以儿童健美操教学对学生有氧耐力素质有明显的改善和提高作用。

三、儿童健美操教学对儿童心理素质的影响

心理素质是健康的重要组成部分，心理素质虽然受先天素质的影响，但是在后天环境与教育的影响下可以得到明显改善。心理素质主要包括人的认识能力、情绪和情感品质、意志品质、气质和性格等方面。

1. 提高适应环境的能力

儿童心理的发展相对滞后，从而导致其身心处于不平衡的状态。德国著名发展心理学家艾里克森认为，人生每一阶段都会面临一个自由身的需要和所处的社会文化、社会期望间的矛盾和冲突所决定的危机。人格的发展过程就是危机的不断解决、不断转化的过程。这些冲突表现为儿童时而以自我为中心，盲目主动学习运动技能，时而又对教师产生依赖，悉听教师的认真指导。这时需要教师及时变通，从简化技术动作入手，带领学生反复演练，同时增加学习的趣味性，正确引导学生心理的发展变化，这样学生就可以形成积极的情绪，达到增强自我，主动适应环境的目的。

2. 培养坚强的意志品质

坚强的意志品质可以帮助人以顽强的精神，战胜挫折和困难，实现自己的目标。体育运动包含着对人体感官的多种刺激，如竞争、冒险、挫折等。这些情绪经过正确的引导而转化成积极的心理体验。健美操运动要求儿童既要有准确的音乐节奏感，又要做到上下肢协调配合。技术动作对柔韧、力量、动作速度的要求更是增加了初学者学习的难度。

在运动技能形成的认知阶段、联结阶段和自动化阶段伴随着紧张、焦虑等负面的心理状态。在教师的正确引导下，这些情绪体验不断地产生和消解，逐渐形成了稳定的、积极的心理状态。当面对困难时，稳定、积极的心理状态可以激发儿童的潜能，从而克服困难，提高意志品质。

3. 树立集体观念

心理学家马斯洛在他的人类需求理论中强调，当人类满足生理需求之后，首先要满足安全需求。人类对集体的认同来自远古时代人类集体生活的经验，恶劣的自然环境迫使人类必须集体生活和行动，因为离开集体就意味着个体的灭亡，这种生活体验成为人类生存的必然。而随着动作和心理逐渐成熟，人类在社会性发展中逐步摆脱了对父母的依赖，开始重视伙伴关系，确切地讲，这个时期是树立儿童集体观念的关键时期。健美操运动多以体育项目为主，要求动作规格统一。在健美操比赛的评分细则中也要求所有动作犹如一个整体，体现团队精神。少儿健美操多为团体健美操，学生在学习的过程中，注重集体荣誉感，互相帮助、互相关心，形成非常好的学习气氛，利于集体观念的养成。

4. 养成终身体育锻炼的习惯

从教育心理学的角度来说，兴趣是一个人倾向于认识、研究获得某种知识的心理特征，是可以推动人们求知的一种内在的力量。兴趣对体育活动也同样重要。当一个人对体育活动感兴趣，就会全力以赴地参加，而活动的结果将是需要的满足，并且得到积极的情绪体验，所以说兴趣是最好的老师。

儿童健美操动作简单易学，可以通过肢体语言表达热情饱满的心理状态，再加上与音乐节奏高度一致的配合，向人们传达欢快的情绪体验，同时将人格美、能力美、身体美融于一身，提高人们对美的认识。这些汇聚的情绪体验成为儿童参加体育活动最重要的动力，成功的体验反过来可以巩固体育兴趣。在教学过程中，教师准确、优美、舒展的示范动作，活泼生动的语言潜移默化地影响着学生体育兴趣的养成，在教师的正确引导下，将终身体育思想灌输给学生，最终达到养成终身体育锻炼的习惯。

四、儿童健美操教学的发展对策

1. 教育主管部门及学校领导要与时俱进，提高对健美操教学的重视程度

幼儿园阶段和小学阶段是学生身体心理发展的基础和重要阶段，对他们未来的发展也会有非常大的影响。因此，学校教育要对处于该年龄阶段学生的身体发展给予充分的重视，尽量满足学生的要求，积极转变思想，与时俱进，创新教学，使学校的发展跟上时代的步伐。另外，学校还要根据学生的身心发育规律，尊重学生发展的需求，从学生的实际出发，加大对健美操运动的重视程度，选择具有时代气息的项目，并鼓励全校师生积极进行健美操的学习和锻炼，从健美操学习中提高气质，学会交流，提高审美能力，使健美操真正搬进教学课堂。

2. 加强健美操的师资队伍建设，重点是提高专业健美操的数量

当前在健美操教育领域存在着一个亟待解决的问题，那就是师资队伍质量不高的问题。学校体育教师队伍的人员组成分布广泛，并且种类繁多，健美操专业的高校毕业生数量相对匮乏。因此，为了加强健美操师资队伍的建设，要从三个方面做起。第一，学校领导部门要引进高校健美操专业毕业的大学生来充实师资力量，提高儿童健美操的实践教学质量；第二，一定要招具有高等师范学校的健美操专业的教师，因为他们不但有较高的业务素质能力，还具有较扎实的教学能力；第三，对本学校具有较高学习

兴趣的教师进行健美操知识的强化和实践技能的培训，从而进行考核，合格者在日后要不断参加培训，以胜任学校以后的健美操教学工作。综上所述，只有掌握了以上这些内容才能提高教师的健美操教学能力，从整体上提高儿童健美操教师的师资力量和质量，从而改善儿童健美操的教学情况，推动儿童健美操运动的开展和普及。

3. 优化健美操的教学内容，统一教材，建立合理的评价体系

在选择教学内容上应选取简单，易模仿并具有较好的锻炼效果的动作进行教学，并且根据儿童自身的素质和特点选取适合的教学内容。让儿童在学习后有较强的满足感，为今后学习健美操增强了信心。第一，在教材方面需要进行统一，不同的学校所教授的内容不统一，内容的侧重点也有所不同，导致现在儿童健美操的发展存在不平衡的现象，因此有一本统一的教材，使各个学校在统一发展的基础上，可以不断地进行创新；第二，就是建立合理的评价体系，不管以什么样的方式进行考核，我们都有一个评价的标准，我们要结合学生最初的情况，学习过程中的表现和进步以及学期末考核这三个方面对学生进行整体的评价，让学生觉得公平合理，使其个性得到充分发展。

4. 完善健美操教学的硬件设施，改进健美操的教学方法和手段

在已有的教学设施基础上，尽量开发适合发展健美操的资源。并且也要求教师在已有的设施上，自己创造适宜健美操教学的环境和条件，制作简易的道具，改造器材，合理利用已有的教学资源等。同时，在学校经费允许的情况下加大对健美操教学场地及器材的投入力度、改善教学环境。

5. 开展丰富的课余健美操活动

在课余时间，积极开展健美操活动，使学生对健美操有更多的了解和接触，教师可以自编不同风格种类的健美操，可以让学生们在课余打破班级的限制聚在一起进行活动，这是发展素质教育的有力手段。另一方面还

可以锻炼学生的创新能力，在音乐的伴奏下，学生们分组进行自我创编，将每组创编的动作进行组合，教师再加以整理，就可以变成大家课余活动的内容，不限地点、时间，可以随时进行健美操的活动。

6.培养课余训练队及组织竞赛活动

我们经常讲教育要从小抓起，任何项目的选材也都是从小孩子开始，因此，从小就培养具有健美操素质的学生，这就需要教师具有一定的经验，发现具有可塑性的学生。其二，学校要重视训练队的发展，这样学校、家长和孩子才会对健美操的锻炼有意愿。其三，与专业性的竞技健美操训练队建立输送人才的关系，具有潜质的儿童在不耽误学业的情况下进行短期的集训，培养健美操运动的后备力量，为竞技健美操的发展奠定基础，促进健美操运动的发展。

第三节　青少年健美操

青少年指的是十四周岁到十八周岁之间的人,这时候的学生正处于青春期,也是身心发育的关键时期。在课堂教学中融入健美操的学习,不仅能够让学生们了解健美操这门运动项目,培养学生的学习兴趣,增强体质,还能够为我国的竞技健美操项目输送一批新鲜的血液。本节主要将处于高中阶段的学生作为青少年健美操的实验对象。

一、高中青少年健美操的教学内容

教学内容是学与教相互作用过程中用于传递的内容。健美操教学内容是实现健美操教学任务的前提条件,也是教师和学生开展健美操课程的主要依据。理论知识是技术实践的基础,技术实践往往是以理论知识为指导,学生只有掌握了与健美操相关的理论基础知识,才能更好地了解健美操运动,掌握自我锻炼的方法并积极投身到健美操锻炼中,为终身体育锻炼打下良好的基础。

(一)理论性教学内容

正确开展健美操教学的前提是,教师要给学生讲解一些健美操的基本常识、方法理论,让学生能够在日常锻炼的时候,注意并避免出现动作不规范、锻炼不到位等情况,甚至是出现运动损伤等突发情况。因此,学校给学生开设理论性教学内容能够培养学生自我解决问题的能力,为培养学生终身的体育锻炼和学习兴趣打下坚实的基础。但是由于体育与健康教材没有对健美操课程做出具体的规定,在课程安排上会出现差异性。每个学校根据自己的实际情况,对课程的安排有多有少,对健美操教师的教学内容也没有专门的把关小组,这样就出现了教师在授课的时候,会将自己所了解的知识融入一些主观色彩。教师的这一种做法，造成学生了解健美操的基本知识浅薄，没有形成系统化的理论体系，而且这种缺乏科学依据的讲解，容易将学生带入一种误区中。

根据调查显示，在全国开设健美操课程的普通高中里，只有大约百分之六十的学校设置了理论教学内容，但是大多数的学校所教授的内容只是泛泛而谈，例如：健美操的发展历史、健美操的概述、健美操的意义特点等这一类最基本的知识。像是有关健美操的创编原则、比赛规则等专业性的知识只有极少数的教师了解甚至讲授过。究其原因在于，高中正处于学生高考的关键时期，学生和教师都不太重视体育项目这类非文化课，在课程的编排上，学校也不会给健美操安排充足的课时量，这就导致教师本身没有时间去教学生最基础的理论知识。再者，高中体育教师一般是大学体育专业毕业的，但是大学体育专业要求每一位学生都有一个专项，这个专项可以是羽毛球、乒乓球，也可以是健美操、田径等运动，因此，想恰好选择一名学过健美操的毕业生到高中任职，可以说是概率渺茫。这就造成了教授健美操的教师的自身理论知识欠缺，不能全面地教授学生更多的相关知识。最后，学生自己本身囿于传统观念的影响，认为体育课程不应该存在理论部分，也就没有兴趣来学习。以上种种因素就造成了学生对健美操运动的认识只停留在表面，既不利于学生的成长，也不利于健美操课程的普及和推广。

目前，丰富健美操理论教学内容，增加健美操课的教学时数，使得学生积极掌握健美操相关的基础理论知识，更好地了解健美操运动的价值，掌握自我锻炼的方法并积极投身到健美操锻炼中，培养学生终身锻炼的意识及运动能力。

（二）实践性教学内容

《国家高中体育与健康标准》中对健美操教学内容有明确规定：在学

习和运用技能领域，水平四阶段的学生要完成一到两套舞蹈或健美操；水平五阶段的学生要较为熟练地完成一到两套舞蹈或健美操。通过调查，在开展健美操课程的学校中，健美操教师技术实践教学内容首选健美操基本步伐组合，选择率为100.0%；其次是国家体育总局携中国健美操协会一起推广的《全国健美操大众锻炼标准》，选择率为75.0%；再次是自编套路组合，选择率为62.5%；使用教科书内容的教师很少，选择率仅为25.0%，而竞技健美操动作复杂，难度大，对学生自身素质的要求较高，还没有学校将竞技健美操列入健美操课程技术教学内容中。

表20　学校选择健美操课程种类的统计表

内容	频数	百分比
基本步伐组合	8次	100.00%
大众健美操锻炼标准	6次	75.00%
自编套路组合	5次	62.50%
教科书内容	2次	25.00%
竞技健美操	0	0
其他	1次	12.50%

由此可以看出，教师在健美操技术教学内容的选择上是比较合理的，首选基本步伐组合有利于调动学生学习的兴趣。加大健美操动作难度的话，学生会忙于记动作而忽略了健美操的艺术性和吸引力，达不到很好的锻炼和愉悦身心的效果，因此，大部分老师为了从真正意义上减轻学生的学习压力，会选择健美操基本步伐组合练习；还有部分教师选用《全国健美操大众锻炼标准》这一锻炼标准集结了中国健美操权威，还配有考核标准，为教师的评估提供参考依据；自编套路是教师们为了培养学生兴趣，利用自身所学知识，将各种简单步伐、手臂动作结合编排的一些动作，可以根

据学生的自身条件选择音乐及动作，这对健美操教师的专业能力及编排能力的要求就比较高，能否激发学生兴趣的关键在于老师编排健美操的套路。

（三）教学方法提示

1.健美操是健与美的综合体现，因此练习者在完成每一个动作的时候，都要考虑到刚与柔、健与美、快与慢的结合。

2.在教学中应该以每节操的动作结构、技术要领和规格为主。学习青少年健美操的部分人是作为国家健美操队伍的后备力量来培养，因此动作的完成和规范程度相对更加严格。对难度大的动作应该采取先学习下肢动作，再学习上肢动作，最后上下肢配合练习的方式完成整套健美操运动的教学。

3.青少年健美操的成套动作要选用节奏感较强的音乐，例如：迪斯科旋律，音乐的速度掌握在每 10 秒钟 24 至 26 拍。

二、青少年健美操教学对青少年身体素质的影响

1. 减少肥胖问题

青少年正处于青春期的发育阶段，男女生都开始出现身体发育的现象，加上长期劳累的学习导致他们经常坐着不动，消耗的能量远远赶不上增加的能量，结果导致身体肥胖问题的出现。对青少年来说，健美操作为一项有氧运动，可以帮助青少年塑造良好的体型形态。根据医学研究表明，青少年过于肥胖，不仅会行动不便，还会影响美观，更严重地会引发同学群体之间的嘲笑，减低本人的自信心与自尊心，更有甚者会得上心理调节障碍综合征。

早在 1998 年，世界卫生组织就已经将肥胖定义为一种健康疾病，是一种当今医学界很难解决的疑难杂症。长期以来，人们将更多的注意力放在了因肥胖引起的各类疾病上，很少有人真正地把肥胖本身视为一种疾病。因此，学校和家长应该将精力留出来一部分关注孩子的肥胖问题，将健美操作为一种控制体重的有效途径。让孩子的能量消耗大于能量摄入，消除体内多余的脂肪，达到降低体重，保持健美身形的目的。

健美操全套动作练习方式多样，练习部位广泛，对人体头部、颈部、肩部、胸部、腹部、腰部、臀部、大小腿等部位均有相应的锻炼方法。首先，柔韧性练习和身体基本姿势的练习，有利于端正青少年的体态，养成挺胸抬头的形态习惯。其次，各种波浪转体等动作有助于发展青少年的腰腹肌肉，促进腰腹灵活且有力，展现人体的曲线美。各种踢腿、髋部等动作可以使臀部结实有力，臀线上移，双腿健美，体现形体的健康美。

2. 提高心肺功能

根据研究表明，参加健美操运动之后，参与者的心肺功能明显增强，具体表现为心率下降，肺活量明显增大，心血管功能和呼吸机能也有明显的改善。日本外园一任教授认为，运动时心率达到百分之六十到百分之八十时，健身效果最佳。根据研究结果，我们会发现练习健美操之后，练习者的心率可以达到150次/分左右，在这一强度下进行锻炼可以增强呼吸肌的力量，提高最大的吸氧量，增强血红蛋白的含量，让人体的吸氧、运氧和用氧得到明显的改善。有很多长期参加健美操训练的人，减少了呼吸系统方面的疾病，个人的耐力素质得到了提高。可以说，健美操是一种非常适合学生增强心肺功能的运动项目。

三、青少年健美操教学对青少年心理素质的影响

1. 丰富想象能力和形象思维能力

健美操的锻炼可以发展和完善练习者的心理过程。首先，它可以丰富练习者认识过程中的想象能力和形象思维能力，也可以使练习者的运动表象成熟、动作思维敏捷。因为大量的动作组合和身体的配合练习，不仅可以提高练习者的协调能力，也会使练习者的动作思维变的敏捷，还会不断丰富动作素材的积累，便于练习者日后根据自身的需求进行创作和改编，这种创作过程无疑会提高人们的想象能力。在练习健美操的过程中，音乐和动作都是以形象为特征，这些形象通过练习者的形象思维而产生，不断变换的音乐和动作刺激有利于丰富练习者的形象思维能力。再加上动作有节律的弹动性，使锻炼者在练习时肌肉有了动力感、节奏感、方向感和速度感，这就是运动表象成熟的体现。其次，健美操练习可以调节人的情感过程，降低抑郁和焦虑程度。人们在练习的过程中，伴随着健康欢快的音乐，踏着动力十足的鼓点，在指导员或教师富有激情的指导下，尽情地挥洒着汗水，放松心情，忘却一切烦恼。

2. 提高审美能力

健美操不是一种单纯的体育运动项目，它存在的目的不仅是提高人的身体健康水平，增强人们的体质，还是一项融合音乐、舞蹈于一体的运动项目，是一种美的享受。随着时代的发展，学生的审美能力在体育活动中的地位越来越重要，希望借此形式，能够让学生养成体育锻炼的好习惯，并且树立正确的审美观。

首先，审美必然要提到健美操中的音乐因素。因为音乐是健美操运动的灵魂所在，同时它也是艺术的一种存在形式，能够陶冶人们的情操，给人们巨大的精神财富和美的享受。另外，由于健美操运动的特殊性，它需要音乐充满动感活力，给人一种积极向上、活泼好动的向上的力量支持，因此，选用活泼欢快、节奏感强的音乐是健美操选曲的首要原则。当此起彼伏的音乐旋律响起的时候，那种时快时慢的节奏感，可以有效地激发练习者练习的积极和热情，让练习健美操成为一种享受，而不是一件非干不可的痛苦的事情。

其次，说到健美操中的审美，还要注意健美操的身体动作。健美操是一种融合了多种舞蹈动作的体育运动项目，例如：迪斯科、爵士、体操、现代舞等，要求运动者具备优雅的体态、身材匀称、柔韧性好，能够完成难度动作。在音乐的伴奏下，动作与动作之间衔接流畅，韵律性很强。根据调查显示：持续一定时间、中等强度、韵律性的运动最易使人产生美感。

3. 缓解心理压力

根据调查显示，适当的体育锻炼能够舒缓人们的情绪，释放压力，预防各种疾病的发生。健美操作为一项体育运动，以其动作优美、协调、全面锻炼身体，同时有节奏强烈的音乐伴奏而著称，是缓解精种压力的一剂良方。

处于高中阶段的学生，学习的压力相比于中小学时期更强，这时候的学生们都在拼命地、争分夺秒地学习，为的是能够凭借学习改变自己的命运，实现自己的理想，在高考中拔得头筹，给自己选择好学校的机会。就是在这样一种巨大的压力之下，学生们更容易产生心理方面的问题。健美操运动的存在恰好能够缓解学生心理的压力，让学生借助健美操来释放自己内心的压抑，把注意力从令人烦恼的事情上转移到别的事情上，重新焕发精神活力，为学生在接下来的学习和生活重新注入活力。

大量事实表明，健美操运动练习确实能够降低抑郁、缓解应激。有很多的精神不佳、丧失生活动力的人练习了一段时间的健美操后，从健美操中重新拾获了自信与能量，重新燃起了的生活的希望。健美操在其中暗含的青春与活力，让人们在不知不觉中沉醉在节奏明快的音乐当中，让自己的身体机能不断运转。

四、青少年健美操的发展对策

1. 高度重视青少年健美操普及推广

国家体育总局和教育部对健美操的普及和推广工作高度重视，着眼改善青少年身体、心理和体育素质，一直在不遗余力地做好青少年运动推广工作。政府相关机构的各级领导应积极解放思想、更新观念，充分认识到在青少年中推广大众健美操的重大意义，深入贯彻落实体育总局、教育部的指示精神，进一步做好宏观调控和政策引导，将推广大众健美操纳入全民建身计划，使下属相关机构及教练员队伍对大众健美操有正确的认识，自觉把工作精力和热情投入到普及和推广的事业中。要在现有体制的基础上，加大改革创新力度，健全和完善大众健美操套路形式内容、竞赛规则、高校教材以及锻炼健身等级制度，并积极借鉴推广华中师范大学的成功经验，在师资力量雄厚、有一定基础的高等院校组建训练队和健美操俱乐部，促进大众健美操在各大高校的推广，并逐步向中小学渗透。要利用电视台、广播、报纸杂志等媒体机构和宣传载体，积极营造浓厚的宣传氛围，通过有力的舆论引导为大众健美操的推广工作推波助澜、积极造势。

2. 加大健美操科研投入力度

自健美操引入我国以来，在体制改革创新、师资力量培养、教学水平提高、基础设施建设、舆论宣传引导等方面，国家做了大量的工作，通过有形的推广，健美操在社会大众中得到了一定程度的普及。但在学术和科研研究方面，还基本停留在初步阶段，导致我国健美操运动的开展缺乏理论上的指导，档次和格调难以与国际领先水平相比较。应该从夯实理论基础出发，注重强化精品意识，在骨干培养、经费使用、设施配置上向科研战线上倾斜，着力加强对重难点理论问题的研讨，提升理论研究的深度和力度，打牢健美操建设发展和推广普及的理论基础。官方机构和民间组织要大力倡导求真务实、开拓创新的研究之风，采取深入基层调研、组织参观见学、召开学术研讨研究会等形式，搞好学术和科研交流，深入分析问题，及时总结经验，提出改进措施，制订发展规划，在理论创新的过程中推动其发展。

3. 健全完善配套的训练体系

在现有后备人才力量的基础上，建立相应的整体管理机构，积极完善人才队伍的总体建设计划，并按照竞技健美操比赛的四个年龄层次，分阶段制订成长目标,规划发展愿景,在宏观上形成基础扎实的人才网络培养图,为健美操后备人才队伍建设打牢坚实的组织和制度基础。强化改革创新的意识,采取外出参观见学、举行邀请赛等形式,扩大对外交流的深度和广度,在继承和发扬我国培养体系优点的基础上,积极汲取和借鉴西方国家社会主导的训练和培养模式,促进人才培养训练模式的整体改革转型。坚持以高校试点为龙头,创新教学方法,提高教育效能,在搞好试点中先行探索学生运动员的培养、训练和输送制度,同时进一步扩大健美操在高校学生中的影响。充分发挥中、小学健美操后备基地的作用,做好运动员早期的培训工作,把优秀的运动员种子筛选出来,为后备人才队伍建设提供强大的人力资源。大力加强教练员队伍建设,善于从优秀的健美操运动员中发现和选拔教练员,破除以老带新、一代传一代的陈旧单一的培养体制,区分体能强化、艺术审美、动作编排设计、心理教育等专业领域,打造精干高效、质量过硬的专业教练员团队,把各方面人才汇聚到健美操教学事业中来,从整体上提升运动员的训练和培养层次。

4. 着力提升教学培训质量水平

从素质教育的角度出发,重新审视现代健美操教学中面临的重点问题,积极对健美操教材和教法进行改进创新。在教材的编写和内容结构上,突破传统的以竞技健美操为主的格局,注重加强对青少年基本理论、基本技术、基本能力和相关专业领域、边缘学科知识的灌输,增加体育锻炼、心理素质、公关交际、实践能力等方面的内容,实现全方位、多方面综合能力的培养。在教学方法上,改变以往单对多的填鸭式教育模式,大力倡导自主式和启发式的教育方法,鼓励青少年结合自身的个性特点,独自或协作完成音乐剪辑、编排套路、动作设计等教学单元,让青少年灵活运用所学的知识完成各类实践课程,真正成为学习和训练的主人。

5. 积极完善各类竞赛体制

继续巩固已形成制度的国家全运会、省大运会的健美操竞技项目，由相关职能部门和有影响力的民间团体和组织牵头，在城市与城市、单位与单位、团体与团体之间举办健美操对抗交流赛，通过横向竞技发现和弥补健美操建设在发展上存在的差异，从而使他们有所进步。在下属各市、县建立完备的竞赛制度和奖惩激励措施，广泛举行不同级别的、不同水平的选拔赛、挑战赛，加大普及推广力度，以竞赛促训练，以训练促发展，在纵向比较中提高整体建设水平。

第四节 青年健美操

健美操作为一种新兴的体育运动，受到了不同阶层的欢迎，在青年阶层中，最具代表性的是接受过专业健美操训练的高校学生，他们在高校学习中的教学内容与其他阶层的教学内容具有很大的差异性，接下来笔者将一一说明。

一、高校健美操的教学内容

高校健美操专业的学生是经过大学系统培训的专业型人才，高校在教授专业性知识的时候，会在前期拟定一个教学大纲，以保证教学任务的正常开展。虽然我国的高校健美操事业经过了前人的多年努力，已经在体育事业项目中站稳了脚跟，但是通过调查发现，我国的高校健美操的教学内容还存着一些问题，例如：理论课的教学内容过于死板，教师在讲台上照本宣科，而忽视了学生是否感兴趣，有没有达到最佳的听课效果。另外，技术课的教学内容也存在着过于单一的现象，学生想要选择自己感兴趣的内容却没有选择的余地。

（一）理论课教学内容

针对每一年级所要学习的内容不同，侧重点也有所不同，健美操学习的难度会随着年级的上升而有所改变。针对理论内容的学习，该内容主要分布在一、二年级来进行，其教学内容包括：健美操的起源发展、健美操的定义、健美操的比赛规则、健美操的基本创编方法、健美操的欣赏、健美操的音乐、健美操的运动损伤与预防等。在大一和大二的健美操理论课的学习当中，主要安排学生较容易理解，并且能够全面体现健美操活动特点的内容，让学生能够通过理论与实践的学习全面、充分地了解健美操运动,学会怎么进行健美操运动的练习。另外,由于健美操教学内容的特殊性,教师无法用语言单纯地直观描述健美操运动,因此在教学的过程中,教师要借助健美操的练习视频来讲述健美操的基本常识,这样生动形象的教学方法不仅能够让学生容易理解健美操,而且能够进一步地引发学生对健美操的好奇心,为接下来的亲身实践打下坚实的基础。同时,学生通过欣赏优美的健美操表演视频,促进学生对动作美、旋律美和形象美的认识和追求,从而进一步培养他们对音乐的感受能力,培养他们的乐感,争取让他们沉醉其中,具备与健美操交流的能力和体验。

然而在我国高校健美操教学当中存在着这样一种现象,那就是多数高校并没有给学生配备统一的教材,而且教师教授理论内容的时候,往往是根据自己的知识经验来讲,并没有从学生感兴趣的地方出发,导致学生学习健美操只是完成现阶段的学习任务,而没有真正地从内心和行动深处贯彻终身体育的理念。理论课的教学不仅要达到让学生"知其然,知其所以然"的目的,还要让学生掌握科学的健身方法,具备自我锻炼的能力,养成终身锻炼的习惯。因此,当今大学生在毕业之后无法坚持锻炼的原因也就在于,学生在学校中参与的锻炼一直依赖于教师的指导,没能很好地掌握指导自我锻炼的方法,更没有养成持续锻炼、终身锻炼的好习惯。改革教学的理念,理论教学不能仅仅局限在健美操的基本理论知识上,应当在适当增加理论课课时的基础上,向学生讲授健美操运动的科学原理和健身锻炼的方法,讲解健美操审美和创编的知识,并扩充一些卫生及保健的内容,以教会学生进行自我锻炼和科学健身为中心目标。

(二)实践课教学内容

前期的理论课学习是为了接下来的健美操实际训练打下坚实的基础,在大二和大三年级,学生开始接触健美操的训练活动,将理论付诸实践,用实践课的学习成绩作为评定学习合格与否的重要指标。根据健美操实践课教学内容主要分为四大部分，即基本动作、形体训练、动作力度、音乐四项。

1. 基本动作

在健美操的训练当中，教师首先要教会学生练习健美操的基本动作，接下来才能够进行成套动作的练习。无论是步伐还是手臂的动作都是由基本动作演变而成的，证明了对基本动作的学习是很重要的。基本动作训练主要包括踏步、V 字步、一字步、并步、吸腿跳、开合跳、弓步跳等，随着学生熟练度的加深，教师将学习难度加大，开始进行步伐组合训练。在学习基本动作阶段，教师要授健美操初学者一些基本姿态和基本动作，如基本步伐、基本手位、基本站姿、手形等，有必要的时候进行亲身示范，发现学生在学习过程中出现姿势不规范、不标准等问题及时进行纠正，这样不仅有利于接下来成套动作的学习，还能够使学生在有基础的情况下更加自信地完成动作，使学生体会到成功，提高成套动作的完成质量。

2. 形体练习

健美操是一种融合了舞蹈的体育项目，练习者在与音乐的互动之下翩翩起舞，给观众一种积极向上、充满活力的感觉。健美操对练习者的身体形态要求较高，身材匀称、身姿窈窕，健康优美、身姿挺拔的外形条件更容易让观赏者产生观看的欲望。

有一大部分的学生在健美操的学习过程中存在着形体问题，例如：基本姿态较差，低头、含胸现象严重。因此，在健美操教学中加入形体练习，可以帮助学生纠正身体姿态。养成挺胸抬头的好习惯。然而纠正身体姿态不是一朝一夕的事情，形体练习应当时刻贯穿于健美操教学过程当中，每节课正式上课之前。拿出半个小时的时间矫正学生的身体形态，这样才能达到良好的效果。

3. 动作力度

健美操教学中要注意健美操动作力度的教学，健美操动作的力度是健美操动作的灵魂，缺了力度的健美操就变成了软绵绵的舞蹈，这也正是当前高校健美操课中大学生所缺少的素质。

健美操的风格与特点是通过动作与音乐的结合来体现的，一种缺乏了力度的结合会导致整套操没有健美操应有的青春的活力。另外，练习者对音乐的感知能力，还会影响健美操练习者所做的动作力度的强弱变化，当一个音乐处于高超部分，需要练习者的能量释放到最大的时候，这时候练习者就要将动作的力度发挥到最大，反之亦然。想象一下，如果一个浑身软绵绵的舞者站在舞台上，该有力的地方没有力，就不会给人一种感染力，只会让台下的观众哈欠连天。

4. 音乐

在健美操的实践课学习当中，音乐的学习也是学生学习的重点。健美操的音乐与动作是互通的，需要音乐与动作互相配合才能够创作出令人沉迷的健美操表演。音乐是健美操的色彩，也是学生学习健美操的"催化剂"，因此要加强学生对音乐的认识和乐感的训练。一要能够数出音乐的节拍；二要听出旋律的变化；三要了解音乐的风格，教师在这方面应多作指导，以便学生能够找寻适合的音乐进行课外练习以及创编。不仅如此，教师还要督促学生自己寻找音乐，练习听，学会数拍子。教师在上课时应该选择富有感染力、节奏感强、时尚新颖、旋律优美并且格调健康的音乐，这样才能够使学生迸发出激情。

这四项内容可以归结为健美操实践课的基本教学内容，基本动作是基础，形体练习是姿态，动作力度是灵魂，音乐是催化剂。这四项内容是教好、学好是健美操不可或缺的最基本的教学内容，也是健美操的基本元素。

（三）辅助教学内容

健美操存在的目的是培养学生养成终身锻炼的习惯，培养学生养成良好的形体姿态，达到强身健体的目的，在健美操运动的帮助下，让学生的身心都能得到全面的发展和锻炼。因此，仅教会学生跳一至两套健美操成套动作是不够的，在以实践教学内容为主的同时，还应添加一些练习辅助教学内容，例如：持轻器械练习、垫上肌力练习、组合器械练习以及现在比较流行的健美操的种类，如瑜伽、健身街舞、有氧拉丁健美操、有氧搏击操、普拉提等。

根据调查显示，在我国高校健美操学习当中，由于场地、经费、师资力量等的限制，高校没有提高对辅助教学内容的重视，只有极少数的学校能够做到理论内容、实践内容和辅助内容兼顾的健美操课程学习。总的来说，绝大多数的高校健美操训练课程还是以徒手健美操为主，器械练习很少涉足，并且如瑜伽、街舞等时尚新兴元素也没有出现在学生学习的项目课程之内。长此以往，这种固化的健美操课程学习会导致其逐渐脱离社会，引发学生的厌学情绪。但是有些项目由于不受场地限制或者是对器材的要求较小，在高校健美操的学习当中也适当地融入了一部分教学

再加上肌力练习不受场地和器材的限制，对设备的要求较低，便于开展，所以被多数学校选用并作为技术部分的辅助教学内容。部分学校选用一些新兴项目（如：瑜伽、健身街舞、有氧拉丁健美操、有氧搏击操、普拉提等）作为"形体练习"的内容，虽然这些形体训练和健美操有各自的项目特色和锻炼方法，但在练习身体和动作的姿态形态方面可以相互促进。同时，笔者在调查中了解到，由于新兴时尚的健身项目更能引起学生的兴趣和积极性，因此不少学校和教师倾向于将这些项目加入今后的辅助教学内容中。"持轻器械或组合器械"对健身器械和场地设施的条件要求较高。

（四）教学方法提示

1. 由于高校健美操的学习需要接受大量的理论性知识，学习内容枯燥乏味，极易让学生产生厌烦的情绪，导致听课的效果不佳。因此，教师要借助多媒体设备进行理论性知识教学，从视频演示中获取理论性知识，从而使健美操的课程生动有趣。

2. 高校班级人数通常为三四十个人组成一个班级，由于这时候的大学生已经成了有个人独立意识的青年，对未来的学习规划有了明确的目标，因此原来那种集体上课的形式成了健美操学习的阻碍。教师不可能了解每一位学生的学习目的，只能根据自己的经验将一节课的内容尽可能地传授给学生，对学生的掌握程度，教师无法做到心中有数。而采用小班制教学的方法可以改善这一问题，将有共同学习目的的七八个学生组成一个班级，教师按照兴趣点给学生传授课程内容，这种做法极容易将学生学习的积极性调动起来，让学生学习的效果达到最佳。

二、高校健美操对青年身体素质的影响

健美操作为一项现代体育运动项目，自其传入我国以来，即在全国范围内广泛开展，深受社会大众的喜爱，并迅速地进入到高校体育中，纵观当前我国各大高校，大部分高校均开设有健美操专项课。

从健美操运动的自身特点来看，它是一项现代方式的有氧运动，在改善人体形态、提高基本身体运动能力方面的效用突出。

（一）减肥塑形

首先，健美操作为一项有氧运动，对人们身体外形的作用主要体现在减肥塑形方面。众所周知，当人们的身体在持续进行有氧运动三十分钟之后便开始消耗体内的脂肪，用脂肪来给身体提供动力，达到减肥的目的。

对大学生来说，缺乏了中小学课业的束缚，并且在大学这种集体生活下每个人的生活状态都很懒散。原来有序的生活方式开始发生变化，大学生群体普遍出现营养过剩，缺乏锻炼等问题，显著特征就是身体出现发福的迹象。健美操运动作为一项有氧运动，其本身对体重的控制有着突出的作用，同时其还是一种全身性的有氧运动，有助于改善身体各个环节的形态比例，使之向着良好方向发展。另外，由于健美操的减肥塑身效果显著，而被广泛运用于各大健身房作为减脂塑形的重要手段，

（二）提高核心力量

健美操运动在提高学生腰腹力量方面具有显著作用，原因在于在健美操训练过程中，经常考验练习者运动的爆发力，例如手臂、腿部、腰腹部等。细心观察我们会发现，健美操运动者的肌肉力量很发达，一看就是经常健身的人。并且这些人在"仰卧起坐"和"坐位体前倾"的测试中，均能够得到良好或者优异的成绩，表明健美操运动能有效改善大学生的核心力量。健美操运动由于是全身性的运动，对比其他常见的体育运动，如跑步、乒乓球、羽毛球等，其更能调动起学生的核心力量，让大学生从"大腹便便"的状态变成"大力水手"的健身状态。

（三）提高人体有氧和无氧混合供能的能力

健美操运动在以有氧运动为主的同时，与一般性的有氧运动，如长跑等有所差异的是，其也强调了无氧能力的锻炼，各种起跳、转身、瞬时下蹲等，实质上就是一些穿插在有氧运动中的无氧运动。例如：长时间参加健美操项目的学生在测试 800 米指标方面，成绩有显著提高，表明健美操运动能有效提高大学生有氧、无氧混合供能能力。原因在于 800 米这一个测试项目是一个容易出现人体"极点"的运动项目，当人体运动到一定时间之后，会出现"极点"现象，原本还处于有氧供能的状态，随后伴随着极点的出现又处于无氧功能的状态。可以说，通过学习健美操课，能有效地提高人体的有氧和无氧混合供能能力。

三、高校健美操对学生心理素质的影响

作为教学主体的学生，他们的心理特点是教学过程赖以建立的基础之一。而相反地，学生的心理特点对教学也会产生相应的反作用。因此，从教学论的角度来说，现代学校教育目标之一就是要提高学生的心理健康水平，培养他们具有良好的个性心理品质，从而促进教学和人的全面发展。

但随着当前社会的进步，经济水平的不断提高，生活水平的改善，现代大学生开始逐渐呈现出一些诸如抑郁、焦虑等不良心理情绪。然而根据调查发现，通过一学期的健美操课的学习，无论是采用何种教学法，大学生的心理健康水平均得到了不同程度的提高。从健美操运动的特点上来说，首先其作为一种体育运动方式，发挥了体育运动对人心理情绪的调节作用，其次，健美操项目其自身的特点，与音乐的融合以及全身性的运动方式，是调节心理情绪的一个有效方式。

另外，还有一项原因是健美操运动对提升学生的自信心有重要的作用。当代大学生的心理和生理已经发育成熟，其也越来越注重自己的外貌给别人带来的感受，谁都想成为别人的男神或者别人的女神，而健美操运动的一项最重要的特点就是能够改变个人的形体外貌，让肥胖的人减脂，让身姿不完美的人塑形，从而让学生获得别人对他外貌上的认可。从这一点上来看，健美操运动的特殊健身功效有助于提高人们的自信心和自我表现能力，能在一定程度上抑制焦虑、抑郁等情绪的产生。同时，国内外大量研究证实，音乐对大脑皮层有直接的影响，它可以引起人的各种生理反应，如呼吸减慢、心跳减慢、肌肉电位降低、血管容积增大等，能有效地减少紧张焦虑的情绪，使肌肉得到放松，注意力集中。由于健美操运动过程中伴随着轻松、愉快、激情的音乐，因此，进行健美操运动，能使大学生在音乐环境的围绕下，通过自身的运动而放松，降低自身的焦虑水平，改善

心理状态。值得说明的是，这种音乐疗法已经广泛适用于缓解人们产生的心理问题。

四、高校健美操的发展对策

（一）进一步提高教师的教学水平

教师是学生学习路上的引路人，教师个人素质水平高所讲授的内容让学生更加喜欢，对学生来说更能提高他们的个人素养。当今社会发展迅速，每个人都不知道某一事物将来在哪个阶段被另一种新兴事物所取代，人们所追求的时髦的东西也在不断地更新换代。同样，高校健美操运动的发展十分迅速，而大学生接受新事物比较快，因此要求健美操教师要掌握更多的健美操运动知识和技能，来满足学生的各种需求。新《全国普通高等学校体育课程教学指导纲要》第十四条指出：体育教师要与时俱进，努力提高自己的政治素养、教学素养。学校应当有计划地安排体育教师定期进修、学习，更新知识结构，树立新的教学理念，不断提高体育教师的教育教学能力，从而提高体育师资队伍的整体水平，以更好地适应现代教育发展的需要。

（二）积极推进健美操选项课教学改革

健美操课教学作为高校体育教学的有机组成部分，随着高等教育教学改革的逐步深入，原有的教育教学模式，已不能很好地适应现代教学的要求，我们应当不断更新教育教学观念，积极推进健美操选项课的教学改革。依据"健康第一"思想、"终身体育"理念和"素质教育"的要求，大胆更新教学内容，将先进的教学方法、手段运用到健美操选项课的教学实践中。尤其是多媒体教学手段的运用更能让学生被健美操课程所吸引，而且让健美操课程的学习内容通俗易懂，学生们理解起来也更加容易。另外，不断完善健美操教学的评价体系，使之更加适合学生的身心素质、运动技能水平，通过评价可进一步提高健美操选项课的教学效果，进而推动高校健美操课程的发展。

（三）完善场地设施条件

根据调查显示，我国高校健美操的教学内容结构单一，很大一部分原因是来源于运动场地、经费投入等的限制。由于健美操运动的特殊性，它是一种融合了舞蹈等元素的体育项目，相比于其他的体育项目来说，其对形体的要求更高。而进行形体训练又需要有足够的场地和器材才能进行锻炼，例如：如果用轻器械辅助进行训练，不仅购买器械需要花费一大笔资金，而且其对训练的场地要求也更高，对高校来说这是一笔不小的开支。另外，由于教师受个人能力的限制，导致健美操的训练内容也更加受限，例如：瑜伽对健美操运动来说是一个训练形体的良好方式，然而并不是每一位体育教师都会瑜伽，现阶段我国高校也没有设立专门的瑜伽专业，这就导致了师资力量的薄弱。

总之，场地设施对健美操课的教学效果将会产生较大的影响，良好的场地设施有助于营造宽松愉快的教学氛围，提升教师的教学激情，激发学生的学习兴趣，从而提高健美操课教学的效果。为此，学校应从场地、器械、音响等方面加大投入，使健美操课教学的场地设施更加完善。

（四）建立校内俱乐部

高校体育俱乐部的建设，为进一步深化高校体育教学改革，提高体育教学质量，提供了新的模式和借鉴，使学生可以自由、自主地安排时间，主动的、积极的参与活动，养成良好的体育锻炼习惯。在这个俱乐部中，学生们可以结实更多志同道合的人才，与他们一起交流经验，分享经验，更重要的是可以借助这个平台实现自由，不受时间、场地的限制，可以自由选择时间来俱乐部练习健美操。另外，这个俱乐部并不是单纯集结了健美操专项的学生，还有一些其他体育项目专业的学生，不同专业的学生看到彼此训练的场景，会萌生学习其他体育训练项目的念头，让学习变得不再单调，多种多样的项目训练丰富了学生的日常生活，帮助他们养成终身锻炼的意识，为终身体育事业奠定了良好的基础。

（五）组织高校间的健美操比赛

健美操的学习并不是单纯的闭门造车，只依靠日常训练来领悟健美操学习精髓的方法是错误的。健美操也是一种体育竞技类项目，需要依靠他人之间的相互切磋来衡量自身的水平。然而学生与其他学生之间进行竞技，获得了优秀的成绩，也不代表他的健美操水平已经达到了顶尖水平。不同范围间的差距也是巨大的，同一地区的高校之间进行竞赛，也不能代表真实的水平，学生和学校还要将眼光放远，把健美操的竞赛范围放远到全国，甚至是全球，用这种方式来检验教学训练成果，而且也是促进学生学习、巩固提高技术动作的便捷途径。这样一种通过比赛竞技的方式，让学生之间进行沟通和交流，了解健美操的最新发展动态，总结健美操教学、训练中的经验、教训，加强教师与学生之间的交流，做到取长补短，共同提高。

（六）高校领导提高对健美操教学的重视程度

健美操作为一项新兴的体育运动项目，也是高校体育课程的有机组成部分，对学校体育目标的实现具有积极的意义和作用。学校领导的高度重视，能使健美操教学、训练、竞赛等所需的资金、各种软硬件设备的添置得到满足，进而更好地促进健美操在高校的可持续性发展。

第五节　中老年健美操

随着物质生活水平的不断提高，人们把运动娱乐作为健身、防病、丰富精神文化生活不可缺少的部分。健美操以其生动活泼、轻松自如的运动形式受到不同年领、不同性别、不同体质人群的喜爱，调动了广大群众的积极性，吸引了更多的健美操爱好者参加锻炼，推动了健美操运动的发展。

健美的体魄、健康的心态，已经不是年轻人的代名词，也成为中老年朋友追寻的目标。健美操运动正是符合中老年要求的理想运动形式之一。中老年人随着年龄的增长，人体各器官系统逐渐衰老，生理机能不断减退，继而身体产生了各种各样的问题，例如：动脉硬化、高血压、心脏病、脑血栓等一系列心脑血管疾病。因此，中老年人想要健康长寿，就必须采取一系列的有效措施，组织他们参加适量的体育锻炼，健美操运动成为中老年人当仁不让的首选。

一、中老年健美操教学内容

中老年健美操相对于儿童健美操和青少年健美操来说，其教学内容的安排并不存在硬性规定，教学原则主要以适合中老年人身体承受程度，提高新陈代谢能力，引起中老年人长久练习的兴趣，最终达到增强中老年人身体和心理素质的目的。

因此，中老年人在进行健美操锻炼的时候，要时常考虑到自己的身体条件的限制，学习健美操的内容多是以节奏稍微平缓、动作难度不大，以结构简单的动作为主，运动量适中，不宜剧烈，强度在自己的承受范围之内。中老年健美操值得注意的是在运动之前一定要做好准备运动，让身体机能能够逐渐适应节奏较快的体育运动，切勿一下子投入到紧张的训练当中，造成急性疾病的发作。一般说来，中老年人在练习中过程中不要憋气，运动中的心率保持在：45岁以上的中年人以130次/分为宜，60岁以上的以115次/分为宜，70岁以上的以108次/分为宜。

1. 中老年健美操教学内容

（1）90度伸展

这个动作可以伸展躯干和背部肌肉，而这对需要身体大量旋转的运动，比如高尔夫和网球等尤其重要。身体面向左侧卧，双腿并拢，屈膝呈90度角。双膝之间夹一条毛巾，双臂平伸。然后，保持膝盖和臀部不动，向后旋转躯干和右臂，努力使右肩着地。呼气保持2秒钟，然后回到初始姿势。左右两边各做10次。

（2）臀部跨越

平躺，双膝弯曲，双脚着地，双臂向两边平伸。向左边旋转，保持双腿弯曲，直到左膝着地。然后再向右旋转直到右膝着地。两边各重复10次。这个练习旨在专门训练躯干的灵活性和力量性。

（3）双手走路

双腿伸直，弯腰，双手平放在地板上。收腹，让手代替脚往前移动。这时双腿仍然不能弯曲，双手着地，用脚往前走几步（膝盖不能弯曲）。连续做1分钟。这个练习会锻炼脚筋、下背部、臀后肌和小腿肌肉，适合于任何运动。

2. 教学方法提示

（1）教练在教授中老年朋友在学习各节动作的时候，要按照先下肢，后上肢，然后上下肢配合训练的方式进行练习。

（2）对学习基础较差的练习者来说，学习的动作速度可先放缓，然后再根据练习者掌握的情况，随时调整教学方案。一般来说教学应遵循先慢后快，逐渐加强速度的方式，最终回归到正常速度的教学进程。

（3）练习者可以根据自己的兴趣、爱好等自由选择自己喜欢的音乐进行练习。

二、中老年健美操对中老年人身体素质的影响

1. 延缓骨骼衰老，改善骨骼的血液循环

中老年人上了年纪，骨骼、关节等难免会出现一些问题，甚至有严重者会出现瘫痪等问题。中老年健美操，作为一项有氧运动，可以加速骨骼的物质代谢，增强骨骼的抗折断能力、拓展骨骼的弯曲度和扭转性，能较好地预防老年性骨质疏松、老年性骨折，可延缓骨骼的衰老过程。帮助老年人尽可能地延缓，避免产生骨骼类问题，让中老年人的常见病消失，让骨骼更健康。不仅如此，中老年健美操运动还可以增强关节的坚韧程度，提高关节的灵活性、弹性、协调性。在健美操的动作当中，会有一些伸展、跑跳等运动，能够充分地锻炼中老年人的关节部位，防治关节炎、关节附近的肌肉萎缩、滑液分泌减少、关节强直、韧带松弛等常见疾病。

2. 提高心脏功能，降低血脂、血压

根据研究显示，老年人血管内的结构组织会随着年龄的增长而慢慢老化，同时血管的机能也会随之下降。而健美操这类运动作为一项有氧运动，可以充分锻炼人的心肺功能，促进心肌兴奋性增高、收缩力加强，冠状动脉扩张，促进血液循环，提高心肌对氧的利用率。另外，它还能锻炼血管收缩和舒张功能，对加强血管壁细胞的氧供应能力有很大的帮助，同时还能提高代谢酶的活力，进而提升血液的脂质代谢，帮助血管硬化等问题得以延缓，最终达到防治老年性高血脂、高血压和冠心病的目的。

3. 预防大脑的衰老，减缓脑萎缩

长期坚持大众健美操锻炼可以使中枢神经系统的机能得到改善，大脑皮层神经过程的均衡性、兴奋性和灵活性也会相应提高，对预防大脑的衰老效果显著。科学研究表明，脑萎缩主要是供血不足导致的，而坚持健美操锻炼的中老年人血液中的氧含量明显升高，脑细胞的供氧能力也会相应得到改善，从而减缓了脑萎缩的进程。而伴随活泼、欢快的音乐节奏，身体对节奏的适应性变化，对大脑的兴奋性与灵活性造成了良性的刺激，从而减缓大脑的衰老。

4. 降低体脂率，减轻体重

随着物质生活水平的提高和年龄的增长，中老年人已从几十年紧张繁忙的工作中解脱出来。这时候的中老年人空闲的休息时间多了，宅在家里的时间自然也多，进而活动量也就减少了，身体逐渐开始发胖。多余脂肪开始堆积，增加了心脏的负担，给生活带来了诸多不便，更容易引发多种疾病。而在健美操锻炼过程中，练习者能最大限度地摄入氧气并充分利用氧气来燃烧体内糖原，以此实现加快体内新陈代谢、重新建立人体更高机能水平的目的，最终实现降低体重的目标。体重是指由机体内骨骼、肌肉、脂肪等各组织、器官构成的重量之和，将体重按照不同的生理功能可分为体脂（BFW）和去脂体重（FFM）。

研究身体成分的目的在于了解机体的体质、健康状况以及衰老的程度，有利于将人体的体重控制在合理范围内，并且使体脂和去脂体重的比例适宜，这对中老年人的健康及身体形态来说是极为重要的。适宜的身体成分不仅能够使人的形态优美，还与人体的健康息息相关。肥胖不仅让人在身体形态方面发生改变，甚至还会导致心理上的压力，而且体脂过多也会给人的生活和工作带来极大的不便，严重威胁人类的健康。研究显示，肥胖能够导致至少 26 种疾病的发生，这其中包含了危害较大的糖尿病、心血管疾病、关节炎等。脂肪过多导致心脏病的发病概率为 60%~80%，而且 80% 的 II 型糖尿是由于脂肪过多引起的。

中老年人开展健美操这类有氧运动，让中老年人能够有效消耗体内的能量，加强代谢水平，减少脂肪在体内的累积，平衡体脂率，达到减轻体重的目的。

5.锻炼肢体动作，增强力量素质

握力反映了人体的力量素质，代表身体的局部力量，主要表现在上肢手臂肌肉的力量上。根据研究表明，健美操运动可以使练习者的力量素质显著增强，这是由于健美操锻炼能够充分利用其肢体动作，使头部、颈部及四肢得到良好的训练，提高头颈部及四肢的力量。健美操在锻炼时需要双上肢和双下肢的协调配合，在锻炼过程中有很多上肢伸展及握拳的动作，该类型的动作不仅可以提高肱二头肌和肱三头肌的力量，还能提高上肢前臂肌群的力量，使前臂伸肌及前臂屈肌力量得到良好的发展，前臂伸肌肌群和前臂屈肌肌群是产生握力的主动肌，因此前臂伸肌肌群和前臂屈肌肌群的发展有助于握力的提升，进而提高上肢力量。由此说明健美操锻炼可以提高中老年人的力量素质。

三、中老年健美操对中老年人心理素质的影响

1.愉悦身心，缓解精神压力

随着时代的发展和社会的进步，人们在享受科学技术所带来的舒适生活和各种便利的同时，受到了来自方方面面的精神压力。研究证明，长期的精神压力不仅会引起各种心理疾患，而且许多躯体疾病也与精神压力有关，例如高血压、冠心病、癌症等。这些疾患在中老年人群中属于多发病和常见病。中老年人经过几十年紧张繁忙的工作，退休后在家无事可做，心理具有一定的压力。然而参加健美操锻炼能使中老年人建立起积极的人生观和世界观，依靠健美操运动来陶冶情操，对中老年心理健康十分有益。另外，由于健美操运动不存在竞争和压力，节奏轻快舒缓的音乐和动作还能够使人感到振奋和愉快，让人感到整个身心都情不自禁地融入欢快有力的氛围中，忘却一切烦恼和不快，忘却了自己的真实年龄，从而最大限度地调动了中老年人的活力，使他们心情愉悦、心态年轻，全身心都能够得到充分的放松。

2.认识他人，培养良好的社交能力

健美操练习能够增强中老年人的社会交往能力。原因在于健美操是一种群体运动，多数是集体进行练习。在健美操指导员的带领下集体练习，人们会结交很多来自社会不同阶层的人，扩大了社会交往面，能够认识到很多在平时接触不到的人，扩大自己的交友圈，让中老年人能够在晚年还可以交到志同道合的朋友。

除此之外，健美操运动的群体性特征，还能使练习者体验到个人与集体的关系，加强了中老年人的社会交往能力，使他们从家庭走入社会，从单一的环境中解脱出来。在练习中互相帮助、互相支持、互相鼓励，加强情感的交流，跟上时代的发展，开阔了眼界，焕发了青春活力，对未来充满信心。最终，中老年人在锻炼中结交朋友，增进友谊，共同快乐，建立和谐的人际关系，培养良好的社会能力。

3.培养良好心态，孕育高雅气质

健美操是在音乐的伴奏下进行练习。通过练习健美操，不仅能形成美的体魄，而且对中老年的心理状态也有良好的影响。通过优美明快的音乐节奏、活泼愉快的形体动作，使人陶冶在美的韵律之中，很快排除掉心理上的紧张与烦恼，身心得到全面地调节，精神面貌和气质修养都会有所改善和提高。另外，现代健美操不仅要求练习者以良好的心态投入到生活中，还要带着良好的精神状态和高雅的人文气质进行练习，否则就是一个"有体无魂"的呆板运动。通过练习者带有健康的、优美的、饱满的内在激情，从而表现出外在高雅的行为气质是健美操之魂。总而言之，健美操因其具有独特的艺术性，如果中老年人能够长期从事健美操的锻炼，可以大大增强韵律感、节奏感，提高音乐素养，从而提高对美的认识、鉴赏、表现甚至是创造。培养形态美、心灵美、艺术美，还有利于提高个人的道德水平、认识水平、集体荣誉感。

四、中老年健美操的发展对策

根据中老年人的锻炼特点，我们会发现中老年人特别喜欢扎堆聚集性地锻炼，而且中老年人的锻炼意识要比年轻人强，原因在于两点：一是中老年的身体状态日益下降，没有年轻人强壮，因此有很多中老年人会有意识地进行锻炼；二是中老年人大多都已经退休，一直处于一种闲散舒适的生活圈中，有大把可供自己支配的时间。于是当中老年人在一起聚集锻炼的时候，不仅可以与他人聊天解闷，还能够锻炼自己的身体，可以说是一件一举两得的事情。我们在制订中老年健美操发展对策的时候，要紧紧抓住中老年爱聚集的特点，将社区活动作为依托桥梁，制订合理的发展策略。

1. 完善社区健美操活动的组织管理体系

政府部门应当重视对中老年健美操的组织管理，加强对健美操的宣传力度，力争增强社区居民的健康体魄。作为上级领导部门，提高社区健美操活动是秉持着对公众健康负责任的态度的外在体现，在具体实施和操作的过程中，政府充分发挥其指导功能，并以社区为基础单元，在行政区负责部门的领导下，落实到社区体育协会来执行社区指导和社区体育的规划，以开展具体的工作，并以社会体育指导员和体育志愿者为骨干，以社区广大成员为主体，综合发生效力使所有工作踏踏实实地落到实处，分工到每个人具体负责，做到事事有人做，事事有监管，形成一个从上到下的高效运行的体系。

另外，政府还应支持着力发展社区体育协会，培养大量的基层人员，使体系基础牢固扎实，以弥补社区体育组织管理不足的问题。在社区体育的具体管理工作使基层组织发挥其重要的作用，使社区健美操活动朝良性的方向健康发展。根据社区体育的具体情况，实事求是，使社区体育的管理形成以基层体育单元为基础，以政府部门为指导逐级辐射渗透的完整体系。只有这样在管理上组织有序，使体系的各个单元都有效地运作起来，进而才能更好地发展社区健美操活动。

2. 加大培育专业中老年健美操的指导员的力度

针对我国在中老年健美操现实情况的当下，发现在中老年健美操队伍中存在着一个重大问题，那就是没有配备专业的中老年健美操指导员。整体情况下的中老年健美操指导员的水平不高，没有较为专业的健美操指导员来指导中老年进行专业的健美操训练。因此，笔者认为应该加大培育专业中老年健美操指导员的力度，将专业性人员尽快配备到对应的岗位上。

一方面要进行大量的社区宣传，向社区居民介绍体育活动对健身的重要作用，使中老年居民们认识到社会体育指导员在健美操运动中的重要作用，并愿意接受专业的健美操指导员的指导。同时也要鼓励健美操指导员不怕辛苦愿意为中老年体育事业奉献，可以适当给予一些激励政策，例如：提高社会地位、颁发优秀先进个人荣誉、提高工资福利待遇等手段，让专业的健美操指导员愿意加入指导队伍中，使他们在工作中有成就感和归属感。另一方面也是最重要的一方面，就是从源头抓起，加快培育专业的健美操指导员，扩大高校培育高水平人才的队伍，鼓励高校开设健美操课程，为健美操运动提供源源不断的人才，从而在人数稀缺的问题上得到缓解。不仅如此，还要加大专业化培训力度，拓宽社会体育指导员的培养渠道，在高校内开展相关的讲座，结合居民的实际情况针对性地开展专业的培训课程，充分发挥高水平人才的专业知识，加快高素质社区健美操指导员的培育。总之，积极调动社会各阶层的力量使其都能发挥作用，从而使社区体育指导员队伍的专业指导水平不断提高，采用市场化和法制化的管理模式使社区体育指导员管理与考核规范化，使社区体育指导员的水平规范化有所提高，使他们起到中流砥柱的作用，充分展现他们的才能，使社区体育逐步发展起来，也使其更具有科学性、合理性和规范性。

3. 加强社区体育设施建设

体育场地和设施是开展社区体育必备的物质要素，体育场地是中老年健美操表演和日常训练的必备条件，如果没有场地，中老年健美操运动就没有办法开展。说到场地不代表中老年健美操活动的开展必须要在基础设施完善的场地才能展开，而是有一块面积稍大、相对平整的空地就行，如果有条件的话，室内场馆也是一个不错的选择，这样可以保证活动的开展不受天气条件的限制，让喜欢锻炼的中老年人都能够随时随地的进行练习。然而笔者通过调查走访发现，我国大部分的社区并没有配备室内运动场馆，至少少数的新建高档社区和规模较大的企事业单位能够配备室内场馆，其他的社区、小区都基本上是有小片的空地和马路，甚至有一些年代更久远的老社区连基本的停车场地都没有，更别谈活动的空地了。

现在我国各大城市社区体育发展的情况分析，大部分是在政府的主导下和社区居委会的参与下完成社区体育建设。由于社区没有大量的经济来源和收入，所以经济力量也就比较小，根本不能承受社区场馆的建设任务。可见，有充足的资金是兴建体育场馆的基础。因此，要想快速地发展还要依靠政府出力解决资金投入不足的问题。根据各市的经济发展状况和社区发展趋势的实际情况，在城市发展规划中要规划出社区的体育活动场地，不能一味地搞住房建设，搞经济营收，也应该重视居民对锻炼的需求，对基础设施建设的渴望，将一片空地留给居民用作锻炼的场所。在新社区的规划中预留专项资金，专项使用专人管理，切实地把工作落到实处，做到城市发展与社区发展同步。

4. 丰富中老年健美操的活动内容

每个人都是一个独立的个体，发展的程度也呈现个体差异性。提到中老年健美操项目，就不得不提到中老年人的身体素质问题。我国年轻人工作压力巨大，甚至有很多年轻人没有时间休息，更没有投入体育锻炼项目上的时间，年轻人的体质越来差。这一情况延续到中老年时期，有些依旧不注意锻炼的人，身体健康水平仍旧保持在原来的状态，甚至呈现更差的水平，还有一些有意识进行体育锻炼的人，身体健康水平会呈现良好或者优秀的状态。因此，可以说每个人的实际情况不一样，例如像年龄不一样，身体素质不一样等，在健美操活动内容、活动形式、活动时间上就要与实际相结合，因材施教归类处理，在运动方式上就会呈现出多样性。这就要求运动的内容要丰富广泛。

根据健美操的分类，中老年健美操属于健身健美操的分支，也是一种大众性质的健美操运动，所以它本身包含的内容比较丰富、种类也比较多，每个不同风格的健美操都有不同的特点，且有不同的音乐节奏，节奏不同运动的强度也就不一样，人体在运动过程中消耗的体能也就有所不同，从而健美操运动就能适应多种人群。不像其他的运动，例如足球、网球等运动对身体的素质要求非常高，这就限制了参与的人群。虽然现实情况是如此，但是健美操指导员在编操的过程中，仍要精心地选择音乐、动作来使健美操的内容更新颖、更有吸引力，更重要的是选择适合中老年锻炼的运动强度，让中老年人不感到枯燥乏味的同时，能够永远对健美操运动保持较高的兴趣。另外，中老年人本身也要根据体力来调节运动量的大小，更要根据练习的实际情况来做出运动量和强度的评价以更好地指导人们健身，同时要为特殊人群提供特殊的运动内容，并使其参与进来，从中体验到运动给人带来的身心愉悦。因此，这就要求我们根据不同人群的不同特点来丰富大众健美操的活动内容，使之更好地服务于人民大众。

5. 加大中老年健美操的媒体宣传力度

健身理念和健身意识的形成离不开现代媒体的辅助宣传作用，所以要充分利用媒体来加大宣传力度。针对中老年人的媒体使用特点，中老年人一般不会使用电子产品来了解外界信息，而是通过看报纸、看电视等传统媒介来了解。因此，笔者认为当我们要向中老年人科普健美操的时候，可以选择在教育电视台开设健美操教学节目，在电视台讲解健身的原理，使中老年人知道生命在于运动，帮助中老年人形成正确的运动健身观点。也可以通过录像影片等直观的视觉刺激来激发中老年人锻炼的积极性，从而达到让中老年人认识健美操，接受健美操，最终参与进来的目的。

因此，对健美操运动进行大幅度的渲染，能使中老年人对此项目感兴趣，并逐渐热爱，从而争取把边缘化的人群吸引过来。在经济条件允许的情况下引导中老年人参与健美操的练习，使之形成健身健康的理念，营造社区中老年健美操氛围。只要有了氛围一切都不是问题，就像滚雪球一样有了球心就会越滚越大，参与进来的人也就会越来越多，另外还要根据不同的人的不同需求来开发培育与之相适应的健美操市场，以满足不同居民的消费需求，来吸收更多的人参与到健身运动中来，从而使健美操活动融入中老年人的生活中去，形成一种运动习惯，在社区中形成新的运动热潮，使健美操运动稳步、健康、良性地发展。

6. 重视和加强体中老年健美操健身效果的科学研究和成果的推广

要想更好地提高身体素质是离不开科学的指导方法，同样的训练如果不能和人体的生理基础相适应不仅达不到身心愉悦的锻炼效果，反而对身体会造成伤害。所以对中老年健美操健身的科学性研究就显得尤为重要，科学的练习方法能给人带来健康的身体、完美的体型、高度的自信，当人们达到这样的效果的时候，自己就是一个活体的广告，将能吸引更多的人来健身。由此可见科学研究的重要性。笔者认为要研究科学的中老年健美操健身方法，一方面从健美操健身方法与手段入手，要对不同体质的人群用同样的动作进行定量分析和性别分析来验证一套动作的科学性，然后再形成数据进行保存。另一方面加快科研成果的开发试验并想办法把研究成果转化为实践并投入使用，理论的东西如果不能转化为实践是不能促进健美操实际发展的，从而也不能更好地服务于社会，服务于人们。为了推动中老年健美操在社区健身活动中能科学健康地发展，定期召开与社区健美操相关的学术研讨会，进行经验交流，并推广成果使其转化为实践是必不可少的。

7. 组织中老年健美操的社区比赛

鉴于中老年人空闲的时间比较多，生活相对比较无聊，组织健美操比赛项目相当于一项文娱活动，不仅能够让中老年人在练习中收获健康，还能够借助健美操比赛这个平台结识更多志同道合的朋友，让生活变得丰富多彩起来。

针对中老年人的社区健美操比赛，社区内应当对健美操的开展内容进行定期的辅导，组建小分队，小分队之间可以进行比赛，还可以积极并适当地组织一些小型的表演。另外，社区之间还可以组织团体间的比赛，扩大比赛的范围，让练习者在范围更大的比赛中，认识更多优秀的老伙伴，看到围墙之外他人的真实水平，给自己的练习提供一个更明确的训练方向。这样不仅提高了锻炼者的技能，增加了锻炼者的自信，而且还能解除一部分中老年居民担心自己学不会的顾虑，打开了想参与中老年健美操锻炼的大门。社区还可以利用节假日，组织中老年队进行健美操的表演，不仅给锻炼者提供了展示的机会，也可以改善邻里关系、同事关系等，使人与人之间更加的和谐。

第七章　健美操运动的多元化推广模式

第一节　全民健美操现行推广模式现状

一、推广活动形式

国家体育总局立项的全国健美操大赛，是目前国内关注度最高，影响覆盖率最大的大型全民体育赛事。推广活动是由体育总局体操运动管理中心组织发文，各省市健美操项目主管部门（健美操协会）协助举办的推广形式。

从目前全国健美操立项推广形式来看，国内健美操活动推广形式由竞赛组织和活动培训两部分构成。

2012年，全国健美操培训活动不定性，呈现竞赛活动带动培训活动的局面，内容仅局限于竞赛章程和评分规则；2013年至2014年间，培训活动开始形成体系，趋于较稳定的半年一次；2015年培训活动成熟稳步发展，其中4月下旬在江苏昆山举办了健美操有史以来最大规模的裁判员、教练员培训；2016年培训活动体系已非常健全，截至发稿时3个月内已举办了8站培训活动，具体到全国各省、市的站点。竞赛组织形式主要以各省、市(站)赛、大赛总决赛为主。发展至今，我国的健美操竞赛组织和活动培训规模逐渐完善，并在全国范围内成功推广。

二、推广活动内容

根据体育总局体操中心关于组织2019年全国健美操推广活动的通知，

推广组织活动的具体内容为：1.全国健美操等级规定动作、竞赛评分指南培训及推广；2.全国健美操大赛各分站赛；3.全国健美操教练员、裁判员资质考评；4.全国健美操高峰论坛。等级规定动作的推广主要目的在于将符合全民健美操推广活动要求的最新健美操动作套路普及到各个群众层面；评分指南的培训是为了帮助各省份体育工作者更专业、更全面地了解健美操竞赛，从而更好为各分站赛提供立体、全面、完善的服务；全国健美操各分站赛的举办，就是为各省份健美操运动的推广进行宣传；教练员、裁判员的资质考评属于资质认证培训，根据全国健美操等级管理办法（试行）制定，培训通过完成某一特定规定内容的实践考核，及对赛事竞赛章程及评分指南笔试考核，将获得由国家体育总局体操运动管理中心统一颁发相应的《全国健美操等级资格证书》。资质认证的培训进一步加强了健身健美操从业人员的规范化管理，提高从业人员的专业水平，加快体育行业国家职业资格认证制度的实施，同时保护从业人员的合法权益。

全国健美操体育赛事以全民健身为主题，以健美操舞为载体的学术交流推广活动，旨在用理论指导支撑健身实践研究的视觉，加快发展健美操的推广和普及。

三、赛事项目内容设置

大众体育的推广有赖于赛事，借助竞赛的杠杆作用促进全民健美操运动的发展。自2012年以来，历届全国全民健美操大赛的举办，对我国全民健美操运动的发展带来的巨大推动作用是有目共睹的。正是全国全民健美操赛事的举办，强有力地提高了各级政府对全民健身运动工作的重视，使得各级职能部门组织较为全面地整理、细致、规范了健身类运动，扩大了健美操运动在全民健身中的影响力，有力推动了全民健美操运动的发展。因此，相关赛事的项目内容设置就显得很关键。分析目前全国全民健美操赛事的项目设置，除了推广培训的指定内容外，还推出了民族健美操、时尚街舞、广场健美操等多种风格元素，主要的竞赛形式以规定套路和自选动作贯穿始终。此后近两年的赛事的整体设置内容没有太大变动，主要项目还是以操类为主，时尚街舞、民族健身舞等内容成为辅助项目参与比赛表演。2015 年赛事项目内容新增民族健美操舞（民族器械、民族徒手、规定动作等）、时尚健身课程（形神课程、健身球、健身杠铃、有氧搏击等），尤其特设 PK 大赛环节，内容为瑜伽 PK、街舞 PK、团课明星教练大赛，丰富的项目内容和匠心独运的赛程设计使得 2015 年全国全民健美操大赛成为历届之最。2019 年 12 月 7 日，健康中国行—2019 年第二届全国广场健身操舞运动会总决赛在北京缓缓落下帷幕，本届运动会以"百城舞动，趣享健康"为主题，足迹遍布全国 23 个省份 70 个城市，全国 7 000 余支舞队报名，共计历时 188 天，逾 100 000 人参赛，累计 17 373 680 人次投票参与。参赛人数之多、覆盖城市之广、持续时间之长创历史之最，成了广场健身操舞者的年度盛宴。

第二节 全民健美操的多元化推广模式分析

一、多元化推广模式构建的理论依据

笔者通过查阅相关文献资料以及根据专家的访谈意见，总结得出构建的理论依据主要包括推广原理、架构原理和传播原理。

1. 推广原理

专家认为推广原理是全民健美操推广模式构建所依据科学锻炼的基础原理。科学锻炼作为第一要素，具有可转化、可组合、可调控、可激发和可渗透等特征，因此在构建新模式时应将这些特征充分地融合。如果单个的技术动作通过组合和渗透，就可以得到具有综合性的组合套路；某些技术动作本身带有民族特色，同其他技术动作相组合，推出民族健美操，推动具有中国特色的健美操事业的发展，进而传承中国文化。一般说来，一套健美操在编排到推广都要经历这样一个过程，然后通过媒介，推广到大众，起到全民健身的效果。因此在构建推广模式时，一定遵循推广理论为导向，将理论与实际相结合的原则。

2. 架构原理

健美操运动的推广模式具体就是要把科学的锻炼形式传到全国各地，以大众锻炼为基础逐渐提升到体育强国。要强化这一功能，就要搭建合理的模式架构，保持架构与功能间的协调关系。因此，在构建全民健美操运动推广模式时，要处理好以下几个关系：一是层次关系，要形成良好的结构层次，国家体育总局体操运动管理中心、中国健美操协会以及 CFDD 全国全民健美操推广委员会之间充分密切地合作；二是横向关系，大赛中仲裁委员会、裁判委员会与竞赛组织成员间，开幕式彩排、报名组、检录组、记录组、宣告组、放音组、证书组、场地组、摄影组、后勤组、志愿服务组和辅助竞赛组之间能够相互依靠、相互配合、协调一致；三是通过纵向与横向结构相结合，形成紧密联系的架构，使健美操的推广模式能够成为真正独立运作、自我发展的有机整体。

3. 传播原理

传播是指社会信息的传递或社会信息系统的运行。传播的根本目的是传递信息，是人与人之间、人与社会之间，通过有意义的符号进行信息传递、信息接收或信息反馈活动的总称。传播健美操运动是指通过一定的媒介或渠道在社会群体和个体之间传递和交流健美操特质和要素的过程，是将健美操的动作、音乐、服装、相关理论知识以及所覆盖的健美操文化借助现代社会传播媒介传递给社会所有人士。通过传播渠道，让有关健美操运动的相关知识都能够深入到社会阶层的方方面面，传承中国民族文化，丰富体育课程资源，促进全民运动开展的形式从一个群体或社会传递到另一个群体或社会。

二、多元化推广模式构建的基本原则

根据人们日益增长的健身需求，全民健美操的推广应达到主体多元化和功能多元化，促进全民健美操运动推广延伸到赛前、赛中、赛后服务。因而，要提升公益性服务及服务质量，壮大人才数量，实现网络共享，提高全民健美操推广的作用，建设多元化的推广模式。多元化推广模式构建的基本原则有以下四个方面。

1. 效果导向原则

在建立方案时，健美操要以是否实现大众对健美操运动的需求目标为基础，看能否最好地发挥健美操推广体系的影响力，同时最大限度地提高财政支出资金的使用率，要避免从部门利益和地方财政利益出发。不能简单地以减轻财政负担作为构建多元化健美操推广模式的出发点，保障经费的支出只是公益性推广的一个方面，并不是全部，最重要的保障健美操推广对国家、对大众的作用，这样不仅促进了健美操运动的协调发展，还促进了整个社会的稳定。总之，要充分论证，广泛地吸取建议，积极借鉴各大项目推广的经验，做到提前规划，做到科学、准确、合理。

2. 主体多元化

国家体育总局体操运动管理中心是主导，建立以学校健美操、社区健美操和各大企业合作组织为主体的健美操推广主体，充分调动广大群众参与健美操的积极性，引导他们将锻炼方式转向健美操运动，促进健美操项目的发展。构建大众广泛参加、团结互助、品行良好、办事效率高、丰富多彩、充满影响力的多元化健美操推广模式，只有这样才能更好地适应我国健美操项目发展的客观要求。因此，这个模式要全面提高服务能力，不断满足大众对健美操的需求。

3. 职能细化原则

通过明确大赛职能，合理设置组织机构，达到精简机构、优化队伍，促使各大企业合作推广健美操运动，促使大赛服务网络优畅、提升大赛服务质量、增加培训学习时间，甚至与举办赛事的当地推广单位进行合作，面向市场、面向社会推广健美操。由国家体育总局体操运动管理中心直接领导，科学的制定各部门的工作，明确各主办方之间、组委会之间、仲裁委员会与裁判委员会、竞赛组织成员之间（报名组、检录组、记录组、宣告组、放音组、证书组、颁奖组、场地组、摄影组、后勤组、志愿服务组、辅助竞赛组）的职能，将责任细化到每一个工作人员身上。

4. 公益性原则

通过建设多元化的健美操推广体系，建立公益性职能与经营性职能相协调，无偿服务与有偿服务相结合的健美操推广体系，以促进我国健美操运动的持续稳定发展。我国是一个人口众多的大国，要满足国民对体育健身模式不断增长的需求，必须依靠科学健身的目标以及不断创新的方式。特别是 2016 年国务院令第 666 号修订《全民健身条例》，制定了全民健身计划，要求各地方人民政府应当依法保障公民参加全民健身活动的权利，政府应建立高效的公益性健美操推广体系。

第三节 多元化推广模式的构建

根据以上的理论依据与基本原则，笔者现将我国健美操多元化推广模式总结为五种模式，弥补了以政府主导型的分级式推广模式的不足，将推广者为中心转移到以受众者为中心，力图促进主体多元化，将推广受众面扩大，推广渠道加宽，使我国健美操更好更快地发展。

一、项目带动型

项目带动模式是健美操专家的科研成果和健美操发展存在的共性问题，以项目为载体，开展健美操技术创新、技术示范和健美操技术推广工作，其项目经费来自政府专项拨款和企业赞助等。这种模式在管理上实行专家负责制，政府对大赛进行宏观管理，负责发号施令。项目带动推广模式，即通过大型赛事，将各部门整合在一起，为全民开展健身活动系列化推广服务。社会参与组织管理将组合成为有机整体，实现相对静止的某一体育实体单位与动态组织，促进实施过程的统一，实现大赛商业化经营管理模式。表现为以下四个方面，即扩大赛事规模、丰富大赛形式、提升培训质量、加强科研力度。

第一，要不断扩大赛事规模，健美操项目的发展应遍布我国34个省份，以及省级单位下的各个市级城市，这样才能提高普及面，达到健美操项目带动全民的健康素质的发展的目的，并且以丰富的大赛形式带动人们参与。

第二，根据专家调查显示，目前大赛种类的表现形式主要有分站赛、总决赛和推广赛。为带动更多人参与健美操，其表现形式还可增加为（区）级比赛、市级比赛、省级比赛、达标赛、城市赛、邀请赛、职工健美操大赛、冬令营、夏令营等。

第三，还应提升培训质量来带动学习者的兴趣。目前健美操大赛只有教练员和裁判员的等级考核培训，应扩宽培训渠道，开展有偿培训和无偿培训的方式，提高培训质量，让更多人感受到健美操项目的存在，学习者能起到示范作用，激发学习者的学习兴趣，达到示范效应。

第四，应加强科研形式带动项目发展，每年定时定点举办科研交流会，提升理论知识并付诸实践，让学习者更深刻地认识到健美操项目，加强学术者的学术能力，研究健美操项目，为后者提供参考。

二、企业参与型

企业参与型推广模式是以企业赞助为载体而开展的推广工作。该模式以企业投资赞助为主，由企业提供设备、场地、经费、参赛 logo、宣传册、培训上课、赛事服务等，健美操专家提供科研成果、技术人员提供技术服务形成利益共同体。通过大赛推广的需要，建立稳定的合同关系，形成比较紧密的一条链经济实体。企业参与型分为企业赞助、慈善捐款、提供娱乐活动、提供比赛场所、加强对赞助企业的回报。

第一，企业赞助是指以企业的需求为核心制订赞助方案，健美操项目不能只局限于赛事体育，应充分考虑到赞助企业产品的消费人群，与企业建立互惠互利的合作关系，取得企业的资金、物质等方面的赞助，同时可以给企业员工提供福利，按地区让健美操的技术人员带领企业员工学习健美操。

第二，在国际上，体育赛事可以包含慈善事业，通过让很多成功人士参与的体育赛事中的方式，让他们对体育事业建立深厚的感情，通过赞助等方式支持体育赛事的开展。因此，可以说慈善是体育赛事的主要赞助商，应将赞助商品牌和慈善捐款联系起来，推广健美操的同时促进品牌效应。

第三，在健美操大赛进行的同时，提供一些娱乐性的活动，让赛事成为一个充满娱乐性和欢乐性的组成部分，这样可以让更广泛的人参与进来，进而提高赞助商的营销效果。

第四，从公关的角度来看，如果一个赛事有吸睛的、创新的比赛场地，就可以增加赛事本身和其赞助商的曝光程度，因此，在提高娱乐活动的同时就要提供有吸引力的比赛场所。

第五，在接受企业赞助的同时也不要忘记加强对赞助企业的回报和服务，因为企业赞助的动力是企业赞助能获得的回报有多少，健美操协会只有确保企业赞助获取的利益才能从根本上吸引赞助企业，实现最大化的企业参与型。

三、网络共享型

网络共享模式是以互联网进行宣传推广健美操的一种形式，达到全民资源共享、全民健身的目的。搜索引擎是人们发现新网站的基本方法，在主要的搜索引擎注册并获得最理想的排名是宣传健美操运动的重要方法。网络共享在某种意义上就是一种虚拟的人际传播领域，可实现人际传播的效果，促进赛事传播的人际化。网络社区的信息传播载体呈现出综合化、多样化、全球化和个性化的趋向，文字、音频、视频、图片、符号等各种载体交融的多媒体技术在共享社区中得以展现，通过各种媒介样态并存的共享社区进行体育赛事的推广，在潜移默化和自主选择中更容易达到体育赛事的推广目的。网络共享型分为解答内容与服务、出售电视权、共享新媒体资源、网络游戏植入、建立网络共享社区。

第一，解答内容与服务指的是利用百度的"知道""百科"疑问解答模块等平台，通过与用户之间的提问解答的方式来传播健美操运动的内容与服务信息，这样不仅扩展了全民的知识层面，也能让全民体验到健美操运动的高质服务，从而更了解健美操运动。

第二，出售电视权指的是与媒体之间进行合作，出售电视广播权能加深人们对健美操项目的认识。目前赛事的转播主要分为电视转播以及网络转播这两种形式，前者作为一个传统的体育赛事转播形式已经成为人们的一种习惯，而后者随着网络信息的发展网络转播渐渐成为人们所获取赛事信息的一项便捷渠道。

第三，通过新媒体为载体共享资源，以组织者的身份发布健美操赛事的一手信息，微信、微博、微课、报纸、广播、电视、网站等发布的信息经过转载还会有各类社区人员发表的各种观点、意见、评价、预测等，新媒体资源共享能够在真正意义上达到知识的共享、精神的共享、价值观的共享，促进健美操运动推广目标的实现。将大赛内容发布上网上，便于全民查询；另外，可以将定期推广的规定套路放在网上，便于大众学习。

第四，网络游戏植入是指在网络传播赛事的过程中，通过网络游戏的植入，可以吸引更多社区外的人员，促进社区成员的赛事体验，大多数人对游戏有着不可抵抗的力量，尤其是青少年。

第五，建立赛事网络共享社区是将有相同爱好的网友们聚集到一起，设计有创意的赛事活动，集中广大网友的智慧，实现网络共享，如何吸引受众的注意力是网络社区建设的最大问题。

四、基地主导型

基地主导型模式是以中华大地为特定区域推广健美操。我国是社会主义国家，中华传统文化源远流长、独具特色，在教育体制上实行着统一领导下的自上而下的分级管理，这也是中央和地方教育行政在职权划分上的体现。健美操如今融合了中国民族文化元素，具有了很鲜明的民族风特点。我国有56个民族，这些民族操舞都是地域文化派生出来的，我国地理环境、民风民俗存在差异，便形成了独具区域特色的舞种。要将这些民族特色广为流传。本研究将健美操基地主导型模式分为以下四种推广方式：校园推广、社区推广、俱乐部推广、企事业推广。

1. 校园推广

校园推广是指针对学校里的学生这一群体进行推广活动,我国中小学、大学众多,并连续扩招,人数规模不断扩大,且校园市场具有未来导向性、连续性等特点,校园文化也是社会文化的一部分,具有大众化。因此,校园推广模式的具体内容可以采用六种形式:第一种形式,遵循"一校一球一操"模式。将健美操与足球融合开展、相互促进。设立不同时期校园健美操发展的具体目标,充分吸取校园足球的开展经验,实现球类操类项目的协调发展,促进校园健美操的可持续发展。第二种形式,将与健美操教学相关的内容融入体育与健康课程教材中。让学生从课本上的理论角度了解健美操的有关知识,充分激发学生学习健美操的积极性并提高教师的教学效果,通过对理论知识的学习、理论考试,加深学生对我国健美操的了解以及对中华民族传统文化的传承。第三种形式,加强培训师资队伍。由专家小组对省级选派的教师进行培训,在对市级、县级选派的教师进行培训,提高教师的技术水平与知识能力,将科学的锻炼方法、健康的生活方式传授给广大学生,扩大健美操的参与人群。第四种形式,重视课堂学习。在高校,将健美操作为大学生公共课程的教学内容;在体育院校除舞蹈专业外作为普修课,舞蹈专业将其作为实践内容进行推广。通过学校课堂使在校学生广泛了解健美操,并学习锻炼,促进其影响。第五种形式,在校园内开展健美操表演晚会。可以设计班级表演、年级表演、校级表演等推广方式,设置奖项给予奖励。学校组织表演活动,丰富校园课余活动,展示健美操的独特魅力和民族特色,让全校师生感受这项运动带来的快乐,并记录下来,为进一步的推广创造有利条件。第六种形式,举办健美操比赛活动。设计班级比赛、年级比赛、校级比赛,将比赛成绩计入运动会中的团体成绩,这样可增加健美操运动在校园开展的力度,提高学生的技术水平,实现健美操的广泛开展。

2. 社区推广

社区推广是对大型生活社区也就是目前俗称为"小区"的地方进行一连串的宣传推广，我国目前人口增长，城镇不断规模化，小区数量也逐渐增多。因此，健美操社区推广方式有以下五种推广途径，即加强体育基础设施建设、建立社区指导员培养制度、大力宣传健美操运动、出台相应的福利政策、举办社区文化交流活动。

第一种途径：加强体育基础设施建设。当前，我国的体育设施还不完善，不能满足全面运动需求。政府应给予资金支持，努力修建专门的体育场馆以及大型的体育广场，健身器材以及音响设备等，给社区人民最基础的体育锻炼环境和最全面的体育器材。第二种途径：出台相应的政策和福利待遇。鼓励社会人员投入到健美操运动中，调动广大社会群众参与的兴趣，特别是激发退休人员的积极性，提高社区人民参与健美操锻炼的能力，构建多主体的健美操体系，建立社区健美操项目组织协会。第三种途径：大力宣传健美操运动，再由体育局、教育局等相关部门定期开展健美操培训活动，对各地区选派的人才进行培训，让选派的人才带领地区人们加入学习锻炼中，增加科学健身意识。第四种途径：建立社区指导员培养制度。鼓励社会指导员、健美操教练员等列入国家编制，激发更多的人从事这项工作，提高就业率，为大众锻炼提供专业的人才指导。第五种途径：举办社区文化交流、比赛表演等活动。以社区为单位报名参加，各个社区组织成一个整体，然后由地方体育局举办比赛或表演，使健美操得到人们的重视，展示我国的特色文化、民族团结的精神风采。

3. 俱乐部推广

俱乐部推广指的是由健身俱乐部宣传推广健美操，随着社会的发展，人们健康意识的提高，健身俱乐部已经成为大众健康消费的主体。以三种推广途径建立健美操俱乐部的推广方式，建立全民健美操俱乐部，在现有的健身俱乐部推广健美操。

第一种推广途径：建立健美操俱乐部。俱乐部是目前比较盛行的体育运动组织，有着参与会员较稳定、参与度高的特征，开拓健美操市场，扩大社会的投资以及参与度，寻求企业融资加强专业场地、器材、人员的建设，促进健美操项目的普及。第二种推广途径：在现有的健身俱乐部推广健美操。借鉴国外先进的俱乐部模式，设立健身会员制度，在健身俱乐部扩大健美操的宣传推广，凡是俱乐部的会员均有权享受健美操教学、体质测试等，并组织参加健美操比赛，吸引更多的群众参与进来。第三种推广途径：俱乐部教练主动推广健美操。定期让教练参加健美操培训，之后普及俱乐部会员，能有效地提高健美操的发展，加大健美操的推广。

4. 企事业推广

企事业推广就是运用各种形式将健美操项目展示在企事业人员面前，扩大健美操的知名度。以三种推广途径建立健美操企事业推广模式，营造良好的学习氛围、以企事业单位的需求作为出发点定制个性化方案、在企事业单位创编健美操等活动。

首先，营造良好的健美操学习氛围。在企事业单位内部宣传健美操，组织座谈会等来介绍健美操，让企事业单位的人员认识到健美操的重要性，并愿意参与健美操运动中。其次，以企事业单位的需求为出发点，制订个性化方案。健美操需要不断地创造精品赛事，从而提高赛事的社会影响力，以及提高其对企业的吸引力。最后，在企事业单位和相关政府部门创编健美操比赛等活动。创编简单实用、潮流新颖的健美操，调动企事业员工锻炼的兴趣，以保证企事业单位的人能够主动地投入到健美操运动中。

五、培训集中型

该模式是充分利用社会的师资力量、教学设备，由技术人员根据区域资源优势、生产现状，围绕健美操主导产业开展技术培训。其主要培训形式有"集中培训、网络培训"等。资金来源为政府培训专项经费、企业培训资金等。明确专业培养目标，在推广过程中需要什么样的知识、能力、素质，就针对什么样的知识、能力、素质进行培养。通过对基层教师人员、行政干部、健美操教练员和指导员、示范学校、企业家和广大群众的培训和教育，使其开拓视野，转变观念，掌握最新技术，最新的健美操套路，使集中培训教学的针对性、实效性更强，达到解决偏远地区健美操推广中的难点、共性问题和推广中存在的关键技术问题的目的。培训集中型分为免费教师培训、地区集中培训、网络培训、冬令营培训、夏令营培训、学术交流六类。

免费教师培训是指每年在固定的一个时期开展大型的免费教师培训，由教育厅、健美操协会下达通知，邀请各个学校、各个单位、各个社区的老师、领头人进行免费的培训，培训内容以健美操为主，同时讲解一些基本的健美操创编原则和基本内容。由于人数较多，且培训免费，不颁发健美操的资格证，地区集中培训是指每次培训课程安排在1至2天，提供培训的手册、书籍、光盘，进行现场教学，确保培训人员能了解到培训的内容，了解健美操的理论知识，掌握最新的健美操套路。在系统的培训结束后进行教练员、裁判员级别考核。此次集中培训为收费制，可以促进培训人员学习的积极性。网络培训是指利用视频会议系统开展教学活动，使更多、更大范围的学生、社会人员能够聆听健美操专家的授课，网络远程教育能够实现跨越时空、解决地域限制的问题，使大山里的人们也能感受到健美操项目的普及，实现健美操运动教学的资源共享。冬令营夏令营培训是指每年组织一次冬令营和夏令营，采取免培训费，自愿报名的形式，在娱乐中集中学习，加强参与者的理论与技术学习，进一步提高我国健美操运动的技术水平的发展，促进我国健美操后备人才的建设。学术交流是指除传统的会议外，健美操协会、各教育机构和各地的研究机构进行学术和经验交流活动，还有一些临时的学术会议。远程教育系统能节省大量的财力、物力，能够随时随地进行交流。通过文件资料的传送，参与者将所需要讨论的数据、报表等信息展示给相关人员，在进行视频以及语音交流的同时完成对内容的修改，完成会议的讨论。

第八章　我国健美操运动有序开展的对策建议

第一节　增加交流机会，搭建交流平台

学习健美操是一个需要日复一日，勤加苦练的技能，这需要练习者拥有持之以恒的耐心和保持对健美操运动的孜孜不倦的热情，并且要在对健美操基础知识的学习上打下坚实的基础，这样才能在健美操竞赛中取得令人满意的成绩。想要保持健美操运动的有序持久发展，不仅需要练习者具有足够的水平，还要创编者培养与时俱进的创编能力，不断推陈出新，创造出丰富多彩、引人注目的优秀作品。可想而知，创编能力的培养与健美操动作的训练一样，都是一个长期积累的过程，需要较丰富的理论知识和实践经验。正所谓有交流才有发展，有学习才有进步。一方面，学校和政府部门要尽力为健美操专项教师提供丰厚的福利待遇，给他们提供培训交流的机会，鼓励进修深造，让教师通过参与学习与培训来充实自己的业务水平和教学经验，更新知识结构，这样才能适应教学创新与改革大环境的改变，在接纳、学习新事物的过程中提升自己的创新意识与创新能力；另一方面，要为学生创造专项实践、观看各类竞赛与汇演、参与比赛与表演的机会，开阔视野，取长补短。再好的创意，也只有在实践活动中才能得以展现，通过一系列的实践竞赛活动，可以为学生提供将想法付诸实践的平台，使得学生能够将已学的知识和技能在比赛竞赛或现实生活中加以巧妙地运用，既能提高学生的动作技能，在实践中收获经验，还能逐渐掌握创编的能力，为下一步培养创编者提供源源不断的发展动力。

第二节　加强师资培育，引进专业人才

我国著名的教育家陶行知先生曾经说过："要想学生好学，必须先生好学。唯有学而不厌的先生才能教出学而不厌的学生。学高能为师，身正方为范。"所以要想保持我国的健美操运动兴旺持久地发展下去，就必须打造出一支能力优秀、业务精湛的高质量师资队伍，因为这是实施它的根本保证。如何加强健美操专业师资力量的培育，为我国健美操事业输送专业型人才，笔者认为需要从以下三个方面做起。

首先，师资队伍需要打造，必须要有一个好坏的评判标准。健美操的师资培训需要标准化，对师资培训制订出一个统一的标准依据。有了标准，才能形成规模，才能促进健美操运动在中小学、大学和社会上的普及推广。其次，在此基础上，还要加强对中小学体育学院及师范院校体育专业的学科建设，加大对体育专业学生的培养力度，为我国的青少年健美操队伍不断输送合格的人才做好充分的准备。最后，各个中小学校要加大引进健美操专业教师的力度，根据学校的要求配备相应的健美操专业教师，或者对现有的中小学体育教师进行全民健美操的培训，以保证全民健美操在中小学的顺利推广和普及。

第三节　加大资金投入，改善练习环境

在学校教学活动中，体育课程一直来都被看作是一种"无用"的边缘学科。虽然在中高考中占有一定的分数，但各学校在体育课过程中往往只重视考试项目，而忽视了例如健美操这些非考试项目的教学工作和场地器材的投入。因此，想要保持我国健美操事业持久地发展，就要在学校教育中投入充足的资金，以保障我国健美操的活力。首先，增加资金投入的前提是转变教育职能部门的现有观念。而实际上，学生通过参与这些非考试项目的学习和锻炼，不但提高其自身的综合素质，促进考试项目的成绩提高，同时还有助于提高学生的体育参与意识，树立终身体育观念。因此，结合学生的身体特点，开设具有一定实用性且学生喜爱的体育课程，提供良好的教学环境和完备的锻炼器材是转变学生观念的重要手段。对健美操教学而言，必要的场地和硬件设备为教师教学，学生动作学习和练习提供了必不可少的物质基础。而加大对健美操教学的扶植力度就要求教育职能部门应切实转变观念，设立专项资金，并保证专款专用，满足改善健美操教学硬件和教学环境的需要。具体来讲，应完善健美操教学的器材设施建设，设立健美操专用健身教室，配备音响、投影、把杆、形体镜等设施，逐步实现健美操教学环境的改善和设施的完备。

第四节 以人为本，重视学生健康发展

学生是祖国的花朵，是祖国的未来和民族的希望。若想保持健美操运动在我国兴旺发达，不断持久地发展，就要重视学生在其中起到的决定性作用。《中共中央国务院关于深化教育改革全面推进素质教育的决定》指出："健康体魄是青少年为祖国和人民服务的基本前提，是中华民族旺盛生命力的体现。学校教育要树立健康第一的指导思想，切实加强体育工作，使学生掌握基本的运动技能，养成锻炼身体的良好习惯。"传统的健美操教学往往重于向学生传授知识、培养技能、形成技巧，注重向学生传授一整套的规定动作，而忽视对学生智力和能力的培养。现代健美操教学应进入传授知识——培养能力——培养创新能力这个立体的教学中去，创新智能观离不开建立雄厚的知识基础，传授知识依然是健美操教学的主要任务，这种转变的关键在于，不把教学单纯地看成是纯知识性的交流，而是通过知识的传输过程使学生把知识化为能力。在教学中要牢固树立"以人为本、健康第一"的指导思想，从学生个体实际出发，以学生发展为中心，重视学生的主体作用，结合运动实践、环境、心理、防护、保健、医疗以及生活方式而进行各种体育教学活动。

健美操和其他运动项目一样也是一种以技能、技术学习为主的课程，学生学习的结果要体现在学生体能、技能和运动行为的改变方面。只要学生认真、主动地完成学习要求，学生在上述诸方面的状况就一定会发生积极的、有利于他们全面发展的变化。在培养学生的创新能力中，教师重视调动学生的主动性和创造性，开发学生的智力，促使学生由"要我学"转变为"我要学"，从而迸发出极大的学习热情，能够处于主动学习的最佳状态，也体现了"以学生为主"的研究性教学方法。在健美操课程中要贯彻落实"以人为本、健康第一"的指导思想，就必须在课程目标的确定、课程的设计、教学内容的选择和课程的组织实施、课程评价等各个方面，都真正体现"以人为本、健康第一"的要求，以促进学生身体健康水平和社会适应能力的提高。

第五节　改进健美操教学评价考核方法

体育教学评价是对体育教师的教学能力和教学效果以及对学生学习能力和学习收获程度的价值判断。但是从当前学校教学的现状来看，健美操教师过分地追求标准与客观量化，主观地采取统一方式，把能否完成一套完整的健美操动作标准作为评价的主要内容，以此来确定学生的最终的健美操学习成绩。这样一来，学生自身的客观因素却被忽视，没有被考虑到评价标准之中。

在健美操教学中，健美操教师应该积极的吸收良好的体育教学评价理念，从教育的根本目的出发，充分考虑学生的个体差异，着眼于每个大学生，以共性标准化评价转化为具有人性化的评价标准，即以个体的个性化标准为主。而不能仅盯着简单地完成"操化"动作结果测试与课后作业，这是不可取的，是忽视学生自身能力发展的，有失人性化的评价观念。因此，健美操学习的评价要关注学生的发展，培养学生的自尊和自信。建立一套合理而科学的系统标准，考查学生完成动作的熟练程度、幅度、力度和表现力等，改变以往的学一套操，考一套操的现状。采取以往老旧的做法，学生仅仅学会了动作，而对动作原理、动作编排和音乐理解得不清楚，这样也就达不到健美操教学的真正目的。为此应根据健美操教学的内容，制订一个合理的、科学的评价体系。在健美操教学中应对学生的体能、知识与技能、学习态度、情意表现与合作精神等进行综合评价，在评价内容上将结果评价与过程评价相结合，在评价方法上，做到定量与定性相结合、自评与他评相结合，这样在健美操教学中才能充分地调动学生学习的积极性，以达到锻炼身体享受健美操运动的目的。

第六节　科学化选材，提高人才培养成功率

一名优秀的运动员，其竞技能力有一部分是通过后天的努力可以得到很大的改善，这是可以训练的；但是有一部分则是主要依靠先天遗传决定的，这就是所谓的先天性。随着科学的不断发展，训练过程已经越来越科学化，高水平运动员运动成绩的提高越来越难，更加接近潜在的人体通过训练所能达到的极限。竞技能力的不断提高是每一位运动员和教练员所要努力的方向，这要求除了对运动员进行科学的训练之前，必须要用科学的方法去发现运动员的先天性是否适合这个运动项目，是否有可能通过努力训练取得优异的运动成绩。科学的选材不仅可以使运动员通过训练得到更高的运动水平，也可以提高教练员对运动员训练的成材率，在训练中达到事半功倍的效果。

然而长期以来，我国在选拔竞技健美操运动员时，往往是依靠教练员的主观经验判断其是否适合从事此项目。在竞技运动训练的初级阶段以及往上的高级阶段，都会经历层层的选拔，如果仅仅凭借教练的经验，难免会出现偏差，造成有天赋的运动员的流失，造成运动队的损失，导致训练工作不能顺利进行。

运动员的选材是一件极其复杂的科学工作，它不仅需要长期从事此项目教练员的主观经验，更需要运用科学的手段、科学的仪器来辅助完成。科学选材涵盖了生理、心理、技术、理论等多方面的综合筛选，并交叉有遗传学、运动训练学、运动生理、运动解剖等学科知识。也正因为如此，经过科学选材的运动员才能尽可能与运动项目特点相吻合。竞技健美操项目也应如此，伴随着竞技健美操运动的不断发展，其对应的选材工作也应

同步提升，根据运动项目的特点，从其他运动项目的研究成果中进行借鉴，探索科学的选材方法和体系来顺应竞技健美操的发展，尽快建立起一个完整、科学、有效、便于实施的选材模式，以此模式去挑选具有相关运动潜质的竞技健美操运动员并进行科学的后续训练，这是一种能够让我国竞技健美操运动达到高水平的有效途径。

参考文献

著作：

[1] 黄希庭 . 心理学导论 [M]. 北京 : 人民教育出版社 ,2001:5.

[2] 钟华友 . 打造能力 : 优化能力的构建 [M]. 北京 : 西苑出版社 ,2003:8-9.

[3] 罗树华 , 李洪珍 : 教师能力学 [M]. 济南 : 山东教育出版社 ,1997.

[4] 潘绍伟 , 于可红 . 学校体育学 [M]. 北京 : 高等教育出版社 ,2005.7.

[5] 龚坚 , 张新 . 体育教学论 [M]. 重庆 : 西南师范大学出版社 ,2006.7.

[6] 王洪 , 健美操教程 [M]. 北京 : 人民体育出版社 ,2000.

[7] 肖光来 . 健美操 [M]. 北京 : 人民体育出版社 ,2004.

[8] 马鸿韬 . 健美操运动教程 [M]. 北京 : 高等教育出版社 ,2004.

论文：

[1] 吴建平 . 体育教育专业学生教学能力的影响因素及培养途径分析 [J], 安徽体育科技 ,2011(4).

[2] 赵彩红 . 体育教育专业艺术体操专修生教学能力 [J]. 河北体育学院学报 ,2008(01).

[3] 任亚楠 . 浅谈教师教学能力的发展与培养 [J]. 科技资讯 ,2011(16).

[4] 王宪平 . 课程改革视野下教师教学能力发展研究 [D]. 华东师范大学 .2006:15.

[5] 张勇 . 基本体操练习对幼儿体能的影响 [J]. 中国临床康复 .2005,9(28):182-184.

[6] 骆方成 . 少儿健美操教学与训练应注意的问题 [J]. 体育师

友 .2009,(2):34–35.

[7] 张君，刘纪秋 . 幼儿的律动和舞蹈的作用及教学法 [J]. 中国科教创新导刊 .2010,(27):238.

[8] 汪际慧 . 音乐在健美操中的效能及选配原则 [J]. 浙江师范大学学报，2009,32(1):116–120.

[9] 胡素霞 , 赵丹 . 分组创造教学法在健美操教学中的实验研究 [J]. 中州大学学报 .2006(4).